イスラームと西洋

ジャック・デリダとの出会い、対話

ムスタファ・シェリフ◎著

小幡谷友二◎訳

駿河台出版社

カバー撮影
坂田栄一郎©

装丁・デザイン　石山智博デザイン事務所

目次

序論　何にもまして友情が大切である　5
第1章　諸文明の未来　27
第2章　討論　37
第3章　アルジェリア人としての経験と思い出　41
第4章　東洋と西洋、同質性と差異　51
第5章　不正行為と急進的潮流　63
第6章　区別するべきか、関連づけるべきか？　73
第7章　進歩は完全である一方で不完全でもある　103
結論　私たちの生活には異なる他者が不可欠である　117
対談後記　南海岸からのアデュー、ジャック・デリダへ　127
訳者あとがき　139
書誌　ムスタファ・シェリフ／ジャック・デリダ　vii
年譜　デリダと南海岸　i

本文中の注釈について
○印……原註　●印……訳註

〈他者〉を
無条件で受け入れて、
その言葉を傾聴し、
敬意を表するすべての人に

マルグリット・デリダ夫人、
ならびに、このテクストを快く
読み返してくださった
ジャン＝リュック・ナンシー教授に
深甚の謝意をここに記す。

序論

何にもまして友情が大切である

Mustapha Chérif & Jacques Derrida

ジャック・デリダは現代哲学者として非常に名が知られています。彼との出会い、そして彼との対話の模様をここに記すことは、友情にもとづく義務だと考えています。

本書は、友愛、あるいは他者を敬いその言葉を傾聴する態度こそが、理解されるべき何かを把握するためには不可欠である、という確信が結実したものです。私は本書を、かつてないほどに活気あふれる討論が繰り広げられた証言のようなものにしたいと願っています。

さて、世界の現況は決定的と言えます。私たちは西洋と東洋の間で支配的となっている不寛容、少なくとも対話の不在と無理解という状況に立ち会っているのです。それを恥ずかしげもなく剥き出しにする者もいますが、どうしてそういった無知や緊張、敵意が生じてしまったのでしょうか？　例えば、まさにぜひとも対話が必要なこの時期にあって、時代の雰囲気は一方では外国人嫌い、他方では狂信へと傾いているように思われます。ここでつまびらかにすることはできませんが、往時の後遺症がひとまず乗り越えられ、冷戦も終結したというのに、今度は〈文明の衝突〉というプロパガンダや、最強の大国が抱く覇権への野心が、イスラームへの憎悪を基調とした秩序を欠く曖昧な状況を生み出しているのです。この風潮のせいで、イラク占領やパレスティナ民衆の悲劇が拡大し、地中海両岸諸国のパートナーシップ構築も、行き詰まりを見せています。正義が衰退し、「[自分の利益にしたがって判断を下す]二枚舌」政策が全盛を極める現状が、世界の政治問題から注意をそらす目的で〈新たな敵〉と指差されたイスラーム教徒の怨嗟をさらにかきたてます。[最強国以外の]他の諸民族は（あのイスラエルの民さえも）、この状況下では何も利することはないでしょう。

ところが、イスラームの名を騙《かた》り、政治の領域において宗教を利用している集団は、こういった正義を欠いた状況を利用してさらに活性化します。周囲に精神的外傷《トラウマ》の爪痕を残すテロリズムの反抗、厳しい弾圧と先行きの不透明さから自殺に追い込まれる絶望したパレスティナ人、正道から外れた人質の奪取、加えて硬直化した信仰の実践、こういったもの全てがイスラーム教徒を蝕んでいます。ひとつには不当な扱われ方があり、それに対して非理性的な反発が生じたため、憎悪の悲劇が世界規模で演出されてきました。

強者のテロリズムと弱者のテロリズムがぶつかりあっているこの状況にあっては、平和への努力が無駄なように思えてしまいます。たしかに憎悪の信奉者たちが、少数派でありながらも戦いに勝利を収めたことはありました。けれども彼らによって未来の全てが根絶やしにされてしまったわけではありません。今日では、両陣営の急進主義者たちのほうが、平和を願う男性・女性たちよりも大きな影響力をもっています。もしこのまま黙っていたなら状況はさらに悪化することでしょう。実際、メディアはあたかも放火魔のために寄稿欄のスペースを一番多く割いているかのようです。それに、インテリ層、あるいはそう自称する者の中には、他者を軽蔑し、［少数者が］異なる意見をもつ権利は拒むくせに、科学的合理性や科学の名の下に自分は正しいと主張する者もいるのです。

憎悪を生み出す最大の原因は無知に甘んじたままでいることです。［地中海の］南岸諸国と同様、北岸諸国においても、教育現場では南北共通の基盤づくりが放置されて、反対岸の他者の文化についての研究が制限されてきたことはよく知られています。宗教的な理由から教育が施されなかったり、教権が抱く反動的な見方にもとづいて洗脳を受けたりしたせいで、途方に暮れる人間や狂信的な人間がつくりだされてしまったのです。よく考えてみると、西洋古代はユダヤ・イスラーム・キリスト教的かつギリシア・アラブ的であったはずなのに、それがギリシア・ローマ的かつユダヤ・キリスト教的でしかなかったと信じ込まされてきました。このように、アブラハムの末裔たちは共生が必要とされる際に、時として対決という罠にはまってしまいがちです。ヨーロッパ側からのイスラーム研究は非宗教性の観点から試みられていますが、この単純化された視点からはイスラームが単に混合体《アマルガム》にすぎないと中傷されがちで、一神教の三番目の支流［であるイスラーム］が無数の小集団のあつまりに還元されてしまいます。翻ってイスラーム教徒の側には、残念なことに客観的思考や批判的神学が不足しています。今や、セクト主義的な政策を声高に叫んでいる説教師のキリスト教を擁護する言葉、あるいは自らを〈新たな改革者〉と公言したり、信仰と全く関係のない実証主義的方策をクルアーン（コーラン）へ適用するように提案する底の浅い知識人の言葉しか耳に入ってきません。

ただ幸いにも大多数のイスラーム教徒は、自らの信仰を穏やかに貫き通し、不寛容を呼びかける狼のうなり声を拒むと同時に、脱人格化を呼びかける危険なセイレンの歌声をも拒んでいます。私たちは皆、篤信家であろうとなかろうと世界規模の、同一の運動の中に取り込まれています。約二世紀前、私たちの祖先は植民地時代が来ることなど予想さえしませんでしたし、六〇年前にもファシズムの到来を予期できませんでした。したがって現代に生きる私たちの責務とは、冷酷さや無理解に打ちのめされたこの時代に何が起こりうるかを考えることです。たしかにイスラーム教徒は現状では弱者側にいるわけですし、民主主義《デモクラシー》に関しても遅れをとっています。にもかかわらず二つの次元で抵抗を試みています。その一つは、緊急を要すること、すなわち目の前の不正に対して抵抗することです。もう一つは、本質的な面において、世界の脱意味化《デシニフィカシオン》に対して抵抗することです。つまりアブラハムの時代から存在してきたような、人間性《ユマニテ》の土台そのものを再検討することです。ある者の目にはこの抵抗活動が我慢ならない反逆行為と映ってしまうので、我々永遠なる〈サラセン人〉は公然と非難されます。近代性《モダニティ》の潮流に抗《あらが》い、不当な行為に対抗しているがゆえに、自分たちが憎むべき標的となってしまうというわけです。けれども重要なのは、伝統に対する郷愁でも宗教の擁護でもありません。人間性そのものの意味こそが問題となっているのです。たとえそれが世界《ル・モンド》の終わりではないとしても、ある一つの世界《アン・モンド》の終わりにいかに備えるべきなのでしょうか？　この点については、政治と宗教を分けて考えることが最重要の見識といえるでしょう。巷に広まっている見方に反して、イスラームはこの二つのレベルを混同してはいません。ところが、霊的なものに対する憎悪（一部の人々が抱いている）と、単なる許可や自由放任にすぎないのではないかと疑われている「自由」に対する恐れ（それ以外の者が絶えず抱いている）があるので、［イスラームにおいても］人間性の剥奪が加速しているのです。霊的体験の探求という正当なよそおいのもとで、あるいは原理主義の実践という不当な形式のもとで宗教へと回帰することは、倫理と生活の乖離、責任と自由の乖離をもたらしてしまいます。

政治的な面で、諸民族は科学の驚くべき進歩や人権に関する前進にもかかわらず、世界の商品化が進み、自分たちの責任能力や、自由に将来を決める能力が限定されていることに気付いています。未来の展望が意味の不在、絆の断絶、市場の独裁などによって制限されてしまっているのです。そのせいで、諸々のテロリズム現象が悪化させてしまった全てのこと、例えば考える能力、別なふうに考える能力などが再検討されているわけです。人々は、人間性の単純化されたヴァージョンを押しつけたがっています。そこで問題をそらすために、信仰一般、ことにイスラーム信仰は反啓蒙主義でしかなく、まさに自主性の喪失の極みであって、そこから解放できるのはただ科学主義と無神論しかない、ということを信じ込ませようとしているのです。その反動でしょうか、篤信家の中には、軽率にも不寛容を旨とする宗教的実践の中に閉じこもってしまう者もいます。しかし、あらゆる憎しみは失敗を運命づけられています。仲間や対話、思索なくしては、人々がその中に私たちを閉じ込めたがっている万力を緩めることはできないでしょう。そのために今日、私は一人の師、一人の哲学者に助けを求めました。いつもなら問題が生じると自分とは異なる者について非常にずうずうしく憎しみを交えて話す人でも、彼本人を前にしては勝手が違うかもしれません。その思索家とは私たちの友人ジャック・デリダです。本書は二〇〇三年春のとある午後の終わりに行なわれた、デリダと私の対談の模様を記したものです。

あらかじめ自分の質問を用意した私は、会談に先駆けてジャック・デリダにその質問書を提出するつもりでした。ところがデリダのスケジュールが詰まっていたことに加え、早くもその時点で彼の健康状態が心配されていたために、この質問書をわたすことはできませんでした。しかし会談当日、打ち合わせはできませんでしたが、デリダが如才《じょさい》なく接してくれたおかげで対談をスムーズに進行することができました。私たちは、アラブ世界研究所《イマ》［●1］の講演会場で差し向かいで話し始めました。大勢の聴衆が集まっています。私は明快かつ慎重に、そして謙虚に話そうと努力しました。信仰の見地からではなくひとりの哲学者として、宗教問題を再びとりあげようとしたデリダの〈非宗教的〉思想家としての歩みについて質問してみようと思ったのです。私にとって彼は、宗教を軽視せずに新たなディスクールを始めた思想家でありました。デリダは宗教の中から霊的なものにかかわる諸問題を採り上げ、宗教的問いかけを行ないましたが、その手法は非宗教的で純粋に理性的なものでした。デリダは新たな問いを提示し、現代哲学において、イ

●1　Institut du Monde Arabe（I.M.A.）一九八七年、パリのセーヌ川左岸に、フランスにおけるアラブ理解やアラブ諸国との文化交流などを促進する目的で建てられた施設。

ンパクトのある謎めいたやり方として扱われているアプローチを新しく打ち出したのです。私はイスラーム教徒の知識人として、デリダの言葉に新たな光と教えを探し求めました。私の方は、イスラームというこの不遇な者の特性をどうしても明文化したかったのです。さらに、ジャック・デリダは地中海の南海岸出身者です。彼の視線は外部の者がともすれば陥りやすい偏見を含まずに、イスラームやイスラーム教文化を把握しています。

さて、私がデリダの著作を読み始めたのは三〇年以上も前のことでした。情熱をもって、忍耐強く、また驚きを感じながら読んだ記憶があります。私にとっては難解な読書でした。ファルサファ［●2］の思想家たちに教わったように、また別の面について神秘神学の思想家たちに教わったように、デリダから私は、意味というものはつねに人々に共有されているということ、意味は［一つに固定されているわけではなく］個人個人が考えているものを越えているということ、切り離された意味というものも存在するということ、意味の価値は誰かが外部から介入したり、誰かが専有しようとしたり、自分の権利を主張したりすることとは無関係に自らのためにしか効力をもたないということ、などを教わりました。デリダの思想には高貴な倫理的次元があります。

●2　ギリシア哲学の影響を大きくうけて発展したイスラーム世界の哲学は、アラビア語で「ファルサファ」といい、これはギリシア語のフィロソフィアに由来する。

つまりこの思想家は人間の尊厳の行く末を気づかっているのです。それは批判的精神を信じがたいレベルで実践している哲学思想であり、意味の修復や〈〜への回帰〉などといった無駄な試みからはほど遠く、方角を見失ったり意味の不在に慣れてしまうことからもはるかに遠い場所にある思想です。デリダの思想は、意味の問題がきわめて重要となっている時代ならではの問いかけに答えられるように、客観的に私たちを考えさせるためにはどうすればいいのか、という点に並々ならぬ注意を払っているのです。

私たちが改めて意味のことを意識するのは、この異なる他者、自らに似ていない他者と話している時をおいて他にはないように思えます（異なる他者とはつまり、近くて遠い者と目されているイスラーム教徒を特に念頭に置いています）。一方、ヨーロッパ化、西洋化、アメリカ化が、失敗を重ねつつも世界の隅々にまで浸透し続ける中、状況は不安定になり、表ざたにならない反乱が起き、幻想や失望、そして人間を疎外する反発の形態（あるいは人を魅了する形態）が生み出されています。全ては破砕と不平等のグローバリゼーションによって悪化させられているように思われます。そんな中、イスラームの世界においては、たとえ地盤が揺らぎ始めていて、生き残るためには誰にも〈進歩〉は止められないと分かっていても、抵抗と反逆が、良識からにせよ非理性的な社会運動からにせよまさに現実のものとなっているのです。

存在の意味について問いかけたり、諸々の価値や参照基準、信仰の実践を比較したりするだけでは不十分です。というのも世界性《モンディアリテ》（国際性）という背景の下では、東洋と西洋の二分法がさらに悪い作用を及ぼすからです。かといって〈常軌を逸した行為や人物〉に対抗して結束するだけでも不十分です。非常に表現しにくい現実をつかみとることが肝要です、信仰や理性が変革に乗り出し、それを受容して変化を遂げるのが至難の業に思えるのはいったいなぜなのか、またどのように成し遂げるべきなのか考えなくてはなりません。たしかに直観や感覚、あるいは確信としての信仰は、世界に散らばるさまざまな記号やリスクや運動を、自由で、シンプルかつ自然なやり方で経験し把握します。信仰がこのやり方によって未来への入り口を約束するとき、たとえ幸せを保証するものが何もなくても、人間は、信仰によって品位や尊厳、そして倫理を保つことができるのです。しかし［信仰の対立項としての］理性も、みずからが絶対的権限をもって意味を牛耳っているという思い上がりや行き過ぎを慎んで、無条件であることをその原理とし、無限をその使命とするならば、倫理的で人間的な品位ある行動をうながし得るし、うながすにちがいないのです。理性だけでなく正義や意味、それから歩み寄りをも渇望している東洋人と西洋人が互いに手を携えて（別々にではなく一緒に）人類に課された試練を耐え抜くために話し合い、対話の席に着き、分析を進めていくことを私は強く望んでいます。今はまだ現実のものとなっていない、言語を絶するほど存在感を増しているこの〈開かれること〈歩み寄り〉〉に替わるものは何もありません。おそらく［本対談で］デリダに向けて投げかけられたいくつかの問いは、信仰と理性の連関や関係という難しいテーマには直接かかわりがないでしょう。私たちの議論はもっと一般的なレベルで、現代世界の政治問題や諸文明の未来を対象とするものとなりました。とはいえ信仰と理性の関係というテーマは、それが前面に押し出されてはいないものの、私たちの議論の内部に見え隠れしていました。

対談は、耳をそばだてる出席者たちの賛同と敬意を集めながら、和やかに繰り広げられました。私はアルジェリアの知識人を代表して、現代哲学の重鎮、アルジェリア生まれのジャック・デリダに質問を試みました。二人の会話は以下に列挙するような現代的な諸問題をめぐって続けられました。普遍、非宗教化（世俗化）、他者との関係、諸々の世界間の関係、イスラームと西洋の関係、文明間の対話、未来の展望が遠ざかっていく時代における論理と意味の絆、最強の者こそが法である時代における自由と正義と民主主義《デモクラシー》について。これが対談であって哲学講義ではなかったにせよ、これらのテーマはいずれもおしなべて生易しいものではありませんでした。それは固定観念にとらわれた一部の〈西洋〉人の態度に問題があると思います。彼らは多様性を認めることができず、他者の言葉に本心から耳を傾け、本質的に異なる別のやり方があることを認めた上で世界を把握するという態度をとりません。そして、目の前にある深刻な危機を否定して、見ている人をはらはらさせながら、やぶれかぶれに前へ進んでゆきます。他にも、決して些細なものとは言えない問題点があります。近代性《モダニティ》に直面し、ややもすると苛立ちから何もかも壊してしまいたくなっているかのように見える〈東洋〉側にも、混乱や偏見そして留保が見られます。まして、あのジャック・デリダとの対談ですから、どうしても慎重な語り口にならざるをえませんでした。というのもこの思想家が、さまざまな諸潮流を乗り越えつつ、それらを告発しようと試み、地中海の向こう岸にあって本音ではっきりと、なおかつ公平に話そうとしているからです。

このデリダとの対談は、〈フランスにおけるアルジェリア年〉のメイン・シンポジウムの閉会式に際して催されました。シンポジウムのテーマは「文明の対話に寄与した重要人物たちへのオマージュ」でした。私たちのいた大講堂は満員で、きわめて注意深い聴衆が集まっていました。この対談には以下に挙げる数多くの知識人が列席していたので、ひときわ華やかなものとなりました。コレージュ・ド・フランス名誉教授にしてアラブ文明の専門家アンドレ・ミケル、『千夜一夜物語』の仏訳者でもあるソルボンヌ大学文学部教授ジャメル・ディン・ベンシェイク、ラテン文学者で聖アウグスティヌスの専門家アンドレ・マンドゥーズ、元大臣ジャン＝ピエール・シユヴェヌマン、イスラームとキリスト教の対話を専門とするミシェル・ルロン、アルジェの大司教アンリ・テースィエ、作家で教育の専門家ジャン・スュール、「アブラハムの友愛」副会長エミール・モアッティ、音声映像技術高等評議会元会長エルヴェ・ブルジェ、加えて地中海両岸の歩み寄りに尽力している数多くの大学人や実践家たち。私も含めた参加者全員は何よりもまず、自分たちが知的友愛の偉大な瞬間にじかに立ち会っていて、この友愛が、それまで積もり積もってきた無理解を超えて希望を取り戻させてくれるだろう、という思いを胸に抱いていたのです。

この討論は、その明くる年の秋にこの世を去ることになったデリダが了承した、最後の会見の一つとなったわけです。簡素な形式であったにもかかわらず、倫理的・哲学的遺言として、と同時に、世界全体とりわけイスラーム世界に向けて発せられた友愛・同情・連帯のメッセージとして、深い印象を皆に与えました。この討論によりイスラーム世界は、様々な試練、つまりイスラーム世界を揺り動かしている〈象徴的な地震〉に直面しているにもかかわらず（またそういった試練があるからこそですが）普遍を探し求めるよう促されました。本書で私が伝え、説明を加えているデリダの言葉は（言葉だけでなく彼の沈黙をも含めて）、現代に生きる万人の使命とは、新たな地平を切り拓いて分裂を乗り越えようとすること、そして、正義を渇望する個人の間、民族の間に結ばれる同盟の新たな形態を追究しようとすることにある、と訴えています。「普遍、文明性、歩み寄りは今なおありうるのか？」この基本的な問いかけが私にとりついて離れません。私たちの世界が今や科学技術と〈市場世界〉に包囲され、諸価値が危機におちいっているせいで、この問いがこれまでになく提起されるようになっています。晩年のデリダは断固とした口調で「つねに生を好むと同時に、死後の生を絶えず肯定しなさい」と述べていました。この文言を私なりに解釈すると、現代思想の営為の目的は（むろんデリダが示した大胆さや柔軟性、それから彼が遺憾なく発揮した論証の力に拠《よ》るところが大きいのですが）、私たちを絶望や悲観論の袋小路から抜け出させる一助となるだけでなくさらに、本当の問題からの迂回路をいくつも用意しているグローバリゼーションの罠や偽りのジレンマを超え出させることにあると思うのです。

この方向に沿って重要となってくるのは、人間性・人類・存在なるものが何であるかを把握することであり、そうするためには二つのアプローチがあります。第一に、古典的人間主義《ユマニスム》の正道を踏み外した諸形態を超克すると同時にそれらに反抗するアプローチです。というのも、この人間主義が、暮れなずんでいる西欧中心主義や「神が死んだ文明」の横糸にとらわれて身動きがとれなくなっているからです。第二に、宗教的な伝統主義が、ありとあらゆる種類の激動の嵐に見舞われているうちにもつようになった閉鎖的な解釈、すなわち宗教への漠然とした回帰、原理主義、不寛容、多様なテロリズムの錯乱、こういった特徴をもつ解釈に反抗するアプローチです。

デリダが打ち出す力強い回答と、歩み寄りへと導く彼独自の高尚な分別《ふんべつ》は、私たちの義務を全うすることが今なお可能であることの証左と言えるでしょう。それによって私たちは、諸概念を再検討しやすくなるだけでなく、良心についてのコンセンサスをつくりあげて、あらゆる境界を超え出ることができます。また、過度の自主独立主義には決して譲歩せずに、来たるべき文明の基盤そのものが特殊、差違、多様性によって構成されている世界をはっきりと提示できるのです。デリダの的確な表現によると、政治や公的領域の非宗教化こそが、解放や民主主義や進歩の根本条件であり、不可避の通路です。イスラーム学の分野については、私の知識が部分的なので断定するつもりはありませんが、外部からどう見えていようとも、〈非宗教性〉の原則はイスラームに内在するものであり、しかも、イスラームの起源からそうであった、と一切の疑念も抱かずに言うことはできます。そう言った上でなお、第三の一神教であるイスラームの特異性とは、生活の場における相異なる次元（宗教と政治、霊的なものと世俗的なもの、自然と文化、公的なものと私的なもの）は、ある種の混同や全体主義を避けるためにそれらを自然な形で分離する必要があるにしても、それらを対立させてはならない、という点にあるのです。それらを根本的に分離してしまうと、ともすれば理性によっては埋められなくなってしまう空白が生み出されかねないからです。

現代は、宗教と政治の両面、つまり生活における根本的な二つの側面を無力化している、あるいは除去しているように見えてなりません。むろんこれら二つの側面を混同してはならないものの、かといってこれらが生活から孤立させられたり、疎外されたり、切り離されたりしてはなりません。それでは、合理的でひたむきな精神のもち主で、かつまた敬虔な信者でもある人が、機械的に政治と宗教を分離したり、教権が国を統治したいという要求をいくら合法的とはいえ、頭ごなしに拒んだりする以外の方法で、いったいどのように非宗教化の意味と目的の問題を検討し直すことができるでしょうか？　たしかに世界の〈脱意味化〉が進み、反教権主義的、非宗教的、無神論的な支配的イデオロギーによって破滅的な影響が生み出されています。にもかかわらず、現代思想が冷静に指摘しているように、西洋の哲学的概念の大半はあいかわらず神学的な源泉にどっぷりつかっていたままですし、理性も、表面上はわかりにくいのですが実はキリスト教起源の述語や参照基準をはぐくみ続けているだけに、なおさら宗教と政治を日常生活から切り離してはなりません。デリダが言うには、あらゆる差異を超えて他者に救いを差し向けること、言うなれば他者を無条件に受け入れること、と同時に理性を果てしなく実践すること、これらが来たるべき非宗教化、来たるべき民主主義《デモクラシー》に至る手段なのです。私たちイスラーム教徒にとって、哲学思想が検討すべきことは、基盤を欠いた現代世界において人間性《ユマニテ》が置かれている前代未聞の状況についてです。つまり、宗教が日常生活から姿を消してしまったために、個人が自由な人間でいられる可能性と、民族が自民族の責任を担いうる可能性の有無が再検討に付されている状況です。この領域において、人々はイスラームのある側面を非難しながら、それと反対のことも非難しているように私には見えます。どういうことかと言うと、ある時はイスラームが非政治的として、すなわち自由や平等を基礎付ける都市国家をつくりあげる能力がない、として非難します。またある時は反対に、過度に政治的なせいで相異なるレベルを混同しているとその責を問うのです。そうなると近代性《モダニティ》なるものは、非宗教的で透明性を保っている一つの空間として現れることになるわけですが、それが現実に合致しているとは到底言えません。

イスラームは抵抗者・異端者・特異な者とみなされています。この不遇の者は、ぎりぎりと締め付ける万力のような圧力を緩めることに、はたして力を貸せるでしょうか？　イスラームは、疑わしい妥協や激烈な原理主義を受け入れる何らかの宗教的形態に回帰するのではなく、大地の切迫した状況と自然的脅威（現世的なこと）からも、来世の要求（霊的なこと）からも遠ざかることなく、世界の将来の展望を切り開きうる〈穏当な理性〉と〈活力溢れる信仰〉の両者を再び見出すことができるでしょうか？　もしそれができないならば、急進主義者の両極（それぞれが起源とみなしている価値、つまり一方の「神の啓示」、他方の「ギリシア思想」や「啓蒙哲学」

に関して歴然とした矛盾がみられる政治 - 宗教的な急進主義者と反宗教的な急進主義者）が、すでに非常に危機的な世界の状況をさらに悪化させていくことにしかならないでしょうし、その場合、ドグマや盲目的な反動に走ったり、寺院や生命の商品化が前面に押し出されたりするでしょう。霊的なもの一般、ことイスラームに対する陰謀、これは人間の自由に対する陰謀でもあるのですが、これに加担する者は宗教、その中でもイスラームがもつ展望を過小評価し、歪曲しています。そういった者たちは、私たち人類をむしばんでいる諸問題についてよく考える機会だけでなく、未来を見通すために必要な変革を準備する可能性のいずれをもみすみす逃してしまいます。同時に彼らは、最後に現れた一神教［イスラーム］が一神教同士での様々な差異を超えながらも、それぞれの神話へと回帰しなくても、未来へのヴィジョンづくりに参加しうることを知らないままでいることになります。霊的なものや一神教、特にイスラームに対峙する北海岸側で一部の住人が見せる強迫的な態度や、南海岸側で見られる非宗教性や自律性に対抗するけんか腰の態度からは、世界が陥っている底知れぬほどの危機的状況が透けて見えてきます。

ブランショ、ドゥサンティ、ドゥルーズ、グラネル、ナンシー、その他の哲学者と並んで現代思想の最先端に位置するデリダの思想から読み取れるのは（もちろん時代によって限界や危険があったり、気晴らしめいた調子や重々しい様子が見られたりはするものの）、現代的理性と宗教的信仰の両者を同時に（なおかつ別々に）、それぞれの分野のできる限り高い要請に答えられるよう無条件で歩み寄らせるのに遅すぎることはない、という主張です。閉塞感が漂う将来の見通し、理性と宗教の諸潮流やそれらの問題点、私たちを襲う先例のない残虐行為などはおそらく決定的なものでもないし、乗り越えがたいものでもないでしょう。少なくとも重要なのは、信仰に対立させる形で理性を崇拝してみたり、その逆で信仰の方を崇拝してみたりすることではありません。単に片方を好んでもう片方を我慢するということでもないと思います。両者のどちらにも必要な体験、すなわち正義と真実、それから美の自由な探求というレベルまで、理性と信仰を歩み寄らせ、高め、支えることにあります。このことを理解するならば解決の道はあるでしょう。

私がジャック・デリダに向けて発した質問、私が述べていく見解［○1］は、きわめて難解なこれらのテーマに真正面から取り組んでいるわけではありません。私はこれらのテーマをいわば打ち明け話のように語っています。つまり、世界の混乱に心を痛め、考える行為をこよなく愛するアルジェリアの一知識人が、つねに他者の友であり続けたヨーロッパを代表する哲学者と交わした

○1　対談のテクストは私が念を入れて書き写したものである。［対談の翌年秋に逝去した］ジャック・デリダはこのテクストを見直すことも聞き直すことすらも適わなかった。

議論の模様を語っているのです。〈何にもまして友情が大切である〉、これが私の描く将来の展望です。

第1章

諸文明の未来

Mustapha Chérif & Jacques Derrida

本書で私が報告しているジャック・デリダとの対話は、私が司会を務めた「アルジェリア＝フランス」シンポジウムの最後を締めくくるものとして実現しました。このシンポジウムの第一の目的は、二〇世紀において文明間の対話に尽力した重要人物たちへのオマージュとして、デリダに先行きの見えない現代世界が抱える諸問題について意見を訊き、本質的な問題への回答となるいくつかの要素を大まかに描きだしてもらうことでした。第二の目的は、不平等や無理解ではなく、共有や相互理解を基調とする共通の未来に向かう必要性をアピールすることでした。

なぜこのシンポジウムが必要だったのでしょうか？　いま、世界は憂慮すべき状況に陥っています。そのせいで、「文明の衝突」理論を退けようとする善意の人々には、今までになく対話が求められています。それどころか新たにまた、共に暮らすことができる展望も見出さなくてはなりません。そのためには三つの条件があります。第一に、諸民族間に共通する記憶を風化させないこと。二つ目は、記憶自体の様々な潮流に対する〈厳しい〉批判、いわば〈脱構築〉を行なうこと。三つ目は、将来に生じうる問題点を明確にすることです。

二〇〇三年五月二六、二七両日、パリのアラブ世界研究所で「アルジェリア・フランス、文明の対話に尽力した重要人物へのオマージュ」と題して催されたシンポジウムは、対話に際して生じる問題を明確にし、世界中の人々が共有と相互理解を基調とする未来へ向かっていくように促すための、まさに絶好の機会でした。東洋学なるものは、十九、二〇世紀の植民地化に関しては、矛盾や限界、しがらみを抱え込んではいるものの、東洋について、特に地中海南岸の社会・文化についての一定の知識やアプローチが定着し、この地域に対する好奇心が生まれたのにはこの学問の寄与が極めて大きいと言えましょう。一九八九年のベルリンの壁崩壊以降、さらには二〇〇一年九月十一日「のいわゆるアメリカ同時多発「テロ」」以降、主として知識の衰退と他者に関する無理解のせいで、重大な危機が今そこにあることを世界中が確認することとなりました。つまり、あまりにも軽率であるだけでなく恣意的で不当な話ですが、〈新しい敵〉という呼称が、今回はイスラームに対して用いられるようになったのです。その上、お互いの無知によって、現実性に乏しい〈文化の衝突〉というリスクも予測されています。西洋におけるいくつかの決定機関《サークル》の中で、様々な形態の中央集権制度と大国の力により、平和ならびに国際関係の順調な進展、諸国間のバランス維持にとって妨げとなる政策が生み出されているのです。他方、近代性《モダニティ》という状態は、それが外部からの侵略という形で生活の中に入り込んでくるので、地中海南岸にあって血の気が多い少数派から反発を受けています。

しかし、本来、［南北］両世界間の関係史からは、不可避の対立や、文明の衝突が導き出されるはずはありません。まったく逆に、イスラームは近代西洋世界の出現に大きく貢献してきました。その文化的・精神的価値を考えてみれば、イスラームは、現実にある差異や相違、特異性がいかなるものであれ、ユダヤ＝キリスト教とギリシア＝ローマの倫理・規範・原理に近いのです。今日、人類は少なからぬ試練に直面しています。はたして来たるべき世代は、自分たちの生活において全ての権利を享受できる行為者でいられるでしょうか？　また、多文化共存を引き受ける度量をしっかりそなえた上で生活を営むことができるでしょうか？　グローバリゼーションが実にネガティブな姿をさらけ出し、その結果、権利が後退し、責任ある市民であることが極めて困難な状況にあるわけですが、将来においても、幸福を追究することや、威厳をもって、人間的に、そして自由に生きる道を学ぶことができるでしょうか？

こういった問いには、いかなる文化、いかなる宗教も単独で立ち向かうことはできないし、十全な解決策を打ち出すことはできません。というのも状況が複雑であるがゆえに、求められるのがまさに普遍性だけになってしまうからです。地球の北でも南でも、人間の大半は戦争よりも平和を、陶片追放《オストラキスモス》よりも交流を、尊大さよりも尊敬を好んでいるのですから、おのずと対話の必要性が増してきています。

もちろん単なる対話ではなくて、共通の記憶を呼び覚まし、憎悪を培う健忘症を治癒してしかるべきなのです。ところで、イスラームと西洋、アルジェリアとフランスは植民地戦争の悲劇とその後遺症を乗り越えて、共通の価値を分け合っています。地中海南岸の文化には、いまだかつて西洋文化に含まれたり、組み込まれたり、受容されたりしてこなかったいくつかの側面が手つかずのまま残されています。各人は、表面に出てきていない共通の遺産を掘り返していくのに加え、異なる世界間、異なる文化間のきずなに思いを巡らし、見直していく義務を負っているのです。［南北両岸の］真の対話が実現するために、それぞれの側の知的世界、文化的地平、歴史的な基準を改めて読み直していくことには意義がありますし、それらを新たな手法で見直しつつ批評を加える必要があるでしょう。不当な新世界秩序や原理主義的・反動的イデオロギーがそれぞれのやり方で他者を完全に見えなくする、あるいは他者を悪魔に仕立て上げていることが確認されている昨今、先ほどのように仮定してみることは決して無駄にはならないでしょう。世界性について、地中海の将来について、西洋とイスラームについて再び考察するならば、一方にとっては排除、他方にとっては退却の源となっている偏見や先入観からどうしても脱却しなくてはなりません。今より控え目で客観性があり、もっと賢かった時代に立ち返るべきでしょう。というのも、共存生活の将来、総体的かつ多元的に見た人間性《ユマニテ》の将来が問題とされているからです。

あまりにも状況が深刻なために、例えば「他者と共に生きる時間から私は何をつかみとらねばならないのか？」といった問いかけに、理性と節度に基づいて答えることが求められています。この見通しが暗い時代において誰かと対談するということは解答を出すひとつのきっかけであり、この問題は先延ばしすることができないことを意味しています。イスラーム教徒にとって、じっくり考え抜かれた建設的な自己批判の実践、すなわちイジュティハード（解釈［●1］）やタジュディード（革新［●2］）の営みは本当に急を要することです。この実践はクルアーン［コーラン］や預言者の言葉（ハディース）が民主主義、普遍性、そして柔軟性をもつように命じていること

●1　原義は「努力」。イスラームの法学・神学では、学識があると認められた専門家がクルアーンとハディースに依拠し、類推を駆使して自主的解釈ないしは独自の判断を下すことを意味する語として用いられる。

●2　広くは「伝承」、狭くは預言者ムハンマドの言行に関する伝承を意味する。

を思い起こさせます。西洋にとって、政治的都市国家や近代的存在や責任の諸問題はすでに解決済みと明言できると仮定するならば（実を言うとこれが明白なことだとは言えないのですが）、次の課題として、他者、とりわけイスラーム教徒との関係というテーマを再検討する必要があります。抵抗を続ける第三番目の一神教との対話は、この宗教がたとえ悪であるとしても重要な問題です。実際、現代生活それ自体が日常的な領域からの一神教の排除、宗教の拒否、無神論または視野の狭い有神論の模造品を一般に広めること、これらの基盤の上に構築されているように思えるので、なおさら重要になってくると思います。

この枠内における戦争の論理と不正義のグローバリゼーションは、民族自決権や人権と表現される諸原理、異なる意見をもつ権利、真の普遍性への到達などに矛盾します。そうするといやが上にも現代世界を再検討せざるをえなくなります。それは、一切合財が不平等主義に染まっていて、一方的・独占的な世界、普遍的な基盤も倫理もなく、宇宙と人類がバランスを保てるような現実的表象もない世界です。憂慮すべき状況に陥っているこの世界、異なる意見をもつ権利がますます考慮されなくなってきているこの世界を再検討することは絶対に必要で、これを避けて通ることはできないのです。

文明の対話に尽力したアルジェリアとフランス両国の象徴的な人物たちにオマージュをささげ

ることは、遺産、概念、進展する現実などを再検討しようとする前述の決意と方向性を同じくするものであり、いまなお対談、交流、総括が可能であることも意味しています。これまでもアルジェリア側ではモハメド・ベンシュネブ〔○1〕からアブドゥルハミード・ベン・バディス〔イブン・バーディース〔○2〕〕、マーリク・ベン・ナビー〔○3〕からメフディ・ブアブデリ〔○4〕まで、フランス側では、ルイ・マスィニョン〔○5〕からジャック・ベルク〔○6〕、エティエンヌ＝レオン・デュヴァル〔○7〕からジェルメーヌ・ティリオン〔○8〕まで、数多くの思想家、篤信家の皆さんが、他者との対談や和解、結束によって自己の探求に尽力してきたわけですし、現在でも他の人々がその人なりのやり方でその歩みを続けているのです。彼らはまた、生きる幸せとは異なる他者との間に結ばれる、ある程度の緊張感は必要だが公平で実り多い関係によって（同時に、そう

○1　文学者（Mohamed Bencheneb）（一八六九―一九二九年）。
○2　アルジェリア改革運動の祖（一八八九―一九四〇年）。
○3　イスラーム学者（一九〇五―一九七三年）。［ナショナリストの闘士。「アル・キヤム（イスラームの価値）」創始者。］
○4　神学者・歴史学者（Mehdi Bouabdelli）（一九〇七―一九九二年）。
○5　東洋学者・イスラーム学者（一八八三―一九六二年）。
○6　東洋学者・イスラーム学者（一九一〇―一九九五年）。
○7　アルジェ大司教（一九〇四―一九九六年）。
○8　民族学者（一九〇七年生）。

いった関係を介して）実現されるという点を十分意識していました。時として私たちが思い返す相違や断絶、あるいはどうしても反省せざるをえない全てのことを認める必要があります。文明の対話に尽力した重要人物たちへのオマージュは、アルジェリアとフランスが、思想的に高い水準において改めて交流することを祝う目的がありました。両者の対話を通して、南北両岸地域が共有している記憶への感謝や愛着、忠誠の念を表明しなければなりません。一方で、様々な潮流、不当な行為、相互の無理解、つまり戦争の論理が特に際立っている近代性《モダニティ》の潮流のみならず、暴力的イスラーム主義という姿で知られるイスラーム世界の潮流によって危地に立たされている「両者の」関係に、新たな見通しを切り拓く必要もあります。論理的な分析を用いて、強者の論理、盲目的な暴力、他者の追放に反論しなければなりません。そういうわけで、このシンポジウムがイスラーム＝西洋関係を袋小路へと追いやったアマルガム的な要因を、どうにかして乗り越えようとするための重要な対話のきっかけ、他者に対して語りかける重要なきっかけとなることに強い期待がかけられていました。

私たちに反省をうながす劇的な世界情勢と日常生活の諸問題を考えるならば、深い思索と希望を基調としているこのシンポジウムは意義あるものとなるでしょう。これは思想や教養に訴えかけるもので、来たるべき普遍についての考察を呼びかけるものです。予知することが不可能な未来を皆で一緒に引き受けるために、平和的な言葉を用いて橋を築く一方で、他者のところへ赴いて意見を交換し合う必要があります。方法論についてですが、このシンポジウムは、特定の学説に依拠しているか否かを表明したり、いかなる手法を採用しているかを事細かに記したりするような紋切り型を超えて、何よりもまず〈文明の対話〉という、現代における実に興味深いテーマの一つにかかわっている人文・社会科学研究者同士の生きた対話であろうとしました。

西洋、つまりフランスに最も近いアラブ＝ベルベルの国、地中海沿岸にあるアフリカの国であるアルジェリア側には、このシンポジウムによってさらなる歩み寄り、断絶の解消に寄与したいという思いが、控え目ではあるが当初からありました。シンポジウムの最後を締めくくる対談をジャック・デリダにお願いしたのは偶然ではありません。事実、私たちの眼には、デリダという人物が掛け替えの無い仲間のように映っていました。だから私は、本書で繰り広げられた議論が今後とも私たちの進む道を照らし続けてくれることを強く望んでいます。

第2章 討論

Mustapha Chérif & Jacques Derrida

会場に入った途端、私は出席者の顔ぶれの華やかさとその人数に驚かされました。私は彼らに歓迎の意を表し、主賓の先生、つまりジャック・デリダのことはあえて紹介するまでもないでしょう、と説明しました。私たちはデリダに心をこめて挨拶をし、敬意と熱意と友情をもって彼を迎え入れ、私たちの招きに応じてくれたことに対して本当に感謝していることを伝えました。私はかなり前からこの対談のことを頭に描いていました。これは急を要し、いわば信仰の業のようなものと考えて、その実現を強く願っていたのです。そこでシンプルな形式で、当代きっての大哲学者に対し、人間性はもちろんのこと〈アルジェリア人〉としての捉えがたい固有性を共有している立場から質問するだけでなく、全ての現代人が、いかなる論証や国境をも越えたところで直面している無数の問題のいくつかに、ほんのわずかな間だけでも正面から取り組もうとしたのです。

この対談が証言しようとしたのは、昔ながらの哲学演習の枠を越えて、他者への語りかけが可能であるということがまず一つ。それから、言葉、さらに言えば敬意のこもった言葉、よく考え抜かれた言葉、率直な言葉こそが、私たちの義務に正面から取り組むのに必要な手段である、ということでした。私はまた、〈証言する〉という語を一般的な、生彩を欠いた意味で用いてはならない、むしろその反対である、とも述べました。ここでの〈証言する〉とは、単に観念的な考察や理論を証言するのではなくて、日常生活の具体的なことに照らしあわせた上での信仰や誓いを証言することなのです。なぜかというと、デリダが述べるように、証言というものはまさに証拠を超え出ているからです。私たちが共有しうる諸観念に対しては誓いを立てることを証言する、と同時に、両者の間にある溝がたとえどれほど深くても、その違いを強調しうるニュアンスや不一致を豊かさとして表現することが重要と思われるのです。私たちは諸文明・文化・宗教の未来、要するに人間性の未来のことを心配しているのです。事実、根源《ルーツ》を護ったままで、変化、変動、変革をも引き受けていくことはますます難しくなっているように思えます。たとえば、暴力行為や権利の後退、諸世界間の対話不足などが危惧すべき事象のうちに数えられます。

ジャック・デリダが私たちの集まりに参加したということは、私たちが、決して絶望したりしないで、諸観念に関する平和的な討論の席にとどまり続けなければならない、という明確な〈しるし〉でもあるのです。さて、私はデリダに一言、「よくいらしてくださいました」と切り出しました。

第3章

アルジェリア人としての経験と思い出

Mustapha Chérif & Jacques Derrida

「どうもありがとうございます。今日私は、アルジェリア人としてお話ししたいと思っています。」

微笑みながらデリダは答えました。

「私はアルジェリアのユダヤ人として生まれました。アルジェリアのユダヤ共同体は、一八七〇年のクレミュー法によりフランス国籍を得ますが、一九四〇年にそれを失います〔訳者あとがき参照〕。ヴィシー政権期の十歳の時にフランス市民権を失い、数年のあいだフランスの小学校から排除されていた私は、当時の呼び方で〈赤貧のユダヤ人〉なるものに属していたのです（赤貧のユダヤ人は、アルジェリアのフランス人に対してよりも、むしろ当時のアルジェリア人のうちに、より強い連帯感を見出していました）。それは、私という存在における大地震のひとつ、私の存在におけるアルジェリア的地震のひとつです。他にも地震に匹敵する激動はありました。もちろん戦争がありましたし、戦争に続く様々な出来事、象徴的・政治的なありとあらゆる地震が、一九六二年以来アルジェリアを揺るがせ、今なお揺るがせ続けているのです。であればこそ、ここでは象徴世界のレトリックを濫用したり、つい最近起きた大地震［●1］で苦しんでいるアルジェリア人の身体的・精神的苦痛に対する同情にほだされたりせずに、アルジェリアを揺らし、今も揺らし続け、私の見るところこれからもある一定期間は続きそうな歴史的・政治的地震を念頭に置いて、私は自分の思想を地震に結び付けたいのです。これから、私が本心からあなたがたに告げておきたいことをお話しします。今日、この場所で私は、アルジェリア人として、ある時期にフランス人となり、いったんフランス市民権を失うも再びそれを取り戻したアルジェリア人としてお話ししたいと思います。私が受け継いだあらゆる文化的な遺産の中で、アルジェリア文化は私をもっとも強く支えてくれたもののひとつです。これが、シェリフ氏から参加するように請われている討論に入る前に、私が本心からの証言として述べておきたかったことなのです。」

●1　アルジェリア地震（二〇〇三年五月二一日　アルジェリア北部において発生したM六・七の大地震）。被害は死者二二六八人、負傷者一万人以上、倒壊建物約二万棟に及んだ。

そこで私はデリダに、彼の経験と使命に関する質問、耳をそばだてる聴衆を感動させたアルジェリア人としての経験について最初の質問をぶつけてみました。私は真っ先に「アルジェリアに生まれ育ったという」私たちと共通の過去について質問してみたかったのです。現在のアルジェリア人は若い世代も含め、独立国の国民として、自分たちに固有なイスラーム・アラブ＝ベルベル的価値を補足し総合するものとして〈フランス性〉と〈地中海性〉を引き受けているだけに、なおさらその質問にこだわったのです。文化的な意味における地中海的領域という同じ枠組みに暮らしているのですから、フランスでも、〈アルジェリア性〉、アラブ性、イスラーム性などの部分も「〈フランス性〉と」同様に経験されるようになることを私たちは望んでいるのです。私はデリダにこう述べました。「アルジェリア起源のアルジェリア人としてアルジェリア文化を受け取り、フランス＝マグリブ、ユダヤ＝アラブ系ユダヤ人であるというあなたの経験、すなわち地中海南海岸にあって他者つまりイスラーム教徒と近いこと、共有部分があること、これらの要素があなたの哲学を通した社会参加や、あなたの使命や仕事に何らかの影響を与えたのでしょうか？」

デリダは間髪を入れずこう答えました。

「アルジェリアから私が受け取った遺産は、おそらく私の哲学的な仕事に何かしらインスピレーションを与えたと思います。私はこれまで、ヨーロッパ的、西洋的、いわゆるギリシア＝ヨーロッパ的な哲学的思想について研究を続け、加えて、その思想に対してある種の周縁から、ある種の外部から投げかけるように数々の問いかけを提示してきました。こういったものは、もし私がかつてヨーロッパの周縁で育った子供、単なるフランス人でもなく単なるアフリカ人でもない言うなれば地中海の子供、ひとつの文化から他の文化へと旅をしたり、前述の地震を特徴づけるあの不安定性からいろいろな問いを考え出すのに明け暮れた子供でなかったならば、確かに不可能でした。私が長年興味を抱いてきたもの、すなわちエクリチュールや痕跡、それから西洋形而上学の脱構築《ディコンストラクション》（これについては、巷で繰り返し言われてきたことに反して、私は西洋形而上学というものを、ある均質なものとか、特別な何かとはっきり定義されるものなどと決めつけたことは一度もありませんでした）、これらすべてが、その土地や言語について私には未知のもの、あるいは禁じられたものである「アルジェリアという」異郷への参照と全く無関係に生み出されたとは言えません。それだけではありません。戦争の真只中の一九四二年十一月、北アフリカに連合軍が上陸した直後、アルジェに一種のフランス亡命文学の文学資本が築かれるのが目の当たりにされました。つまり文化的な興奮状態がありまして、作家たちがあちらこちらへ出没しました。そして、知的な雑誌や自主的な行動の急激な増加などが見られたのです。このことにより、いわゆるフランス語表現をもちいたアルジェリア文学がその姿を現したわけです。例えばそれはヨーロッパ系のカミュやその他の作家、あるいはそれとは別の運動体、そしてアルジェリア系の作家たちでした。数年後、あの奇妙な栄光の瞬間がまだその輝きを後に残していた頃、私はフランス文学とフランス哲学（フランス文学あるいはフランス哲学）のまさにとりこになったのです。ユダヤ＝フランス＝マグリブの系統から全てが説明できるわけではありません。そのようなものではないのですが、一度はその系統をもちださないと、私について何も説明できないのではないでしょうか。」

非常に感動的なこの自己分析に対して、私はこういう質問をぶつけてみました。「ところで、文明同士の対話を否定するものとしての植民地化、それから、アルジェリアの民衆に対して実行された多岐にわたる暴力という歴史的経緯があったわけですが、あなたはアラビア語、イスラーム文化、アラブ＝ベルベル的事実、アルジェリア史との関係について、どのようなお気持ちを抱いているのでしょうか？」

デリダの回答は率直かつ明快なものでした。

「アラビア語、この異郷とでもいうべきものは私にとって、見知らぬもの、あるいは既成秩序によって禁じられたものという位置づけでした。ある禁忌《タブー》がアラビア語に対して行使されていました。その禁忌は、私の世代にとっては文化的・社会的にさまざまな形態をとっていたのです。それは何よりもまず学校における事象、学校で実際に経験する事象、ひとつの教育装置でした。フランスで言われているようにその禁忌は〈教育システム〉から生じていたわけです。当時は植民地の検閲、社会的隔壁、人種差別主義がありました。それに、アラビア語が公的・日常的・行政的言語としては消滅します。こういった状況の中、アラビア語学習のための最後の、そして唯一の手段が学校に残されてはいましたが、それは外国語としての学習だったのです。他者の言語としての外国語という奇妙なカテゴリーです。しかし、ここが奇妙で不安を生じさせる点なのですが、他者といっても気のおけない隣人のような他者の言語を外国語として学ぶわけです。私にとってアラビア語は隣人の言語でした。というのも私は、あるアラブ人地区のへりの部分、目には見えないのですがそれを越えることがほとんど不可能な境界のひとつに住んでいたからです。そのアラブ人地区では人種の隔離が効果的かつ巧妙になされていました。高校で姿を消しましたが、幼いアルジェリア人たちもまだいました。近いけれどもかぎりなく遠いアルジェリア人たち。これが、私たちに叩き込まれた距離、いわば経験だったのです。これは忘れられないことで、私だけでなく誰か他の人にも当てはまることだと思います。確かにアラビア語の勉強は選択科目として許可されていました。アラビア語を勉強することが許可されている、すなわち、それを過度に奨励するのでなければ許可されていることは知られていました。権力機関は、アルジェリアの全てのフランス高等学校において、アラビア語学習を他の外国語学習とまったく同じ資格と同じ形式で提供していたのです。つまりアラビア語は、アルジェリアにおける選択科目としての外国語だったわけです！　私は、自分にとって馴染みがうすいこの言語がひょっとしたらお気に入りの言語かもしれない、と思ったりもします。気に入っているいくつかの言語の中でも一番目の言語。そして、気に入っている言語それぞれと同じように（というのも私の気に入っている言語がひとつだけではないからですが）、私は特に、アラビア語が単なる伝達手段を超えたところで、歌声や祈る声がかなでる詩的な荘厳さの中で発せられているのを聞くのが好きです。

歴史についてですが、私たちが漠然とした知識から認識していたように、アルジェリアはいかなる点においてもフランスの地方ではなかったし、アルジェという町も「フランスという国に属する」民衆的な一地区ではありませんでした。私たちにとってアルジェリアは幼少時代から一つの国でもありましたし、アルジェは、この語の意味は不鮮明ですが、ある国の中にある一つの都市でありました。すでに随所で語られ始められていることですが、フランス史について私たちに語られてきたことについては際限なく話すこともできるでしょう。フランス史という言葉は、小学校においてフランス史という名目で教えられていたものという意味で使うことにしましょう。あれは信じられない科目であり、寓話にしてバイブルのようなもの、私と同世代の子供たちにとってはほとんど拭い去れない教化行為であったと言ってよいでしょう。［教科書の類には］アルジェリアについても、その歴史や地理についてもたった一言すら記されていませんでした。ところで、私が属していた共同体はじつは三度にわたって分離させられています。最初は、より本来的に言ってマグリブ的なアラブ・ベルベルという言語・文化から切り離されました。それからフランスの、したがってヨーロッパ的言語・文化からも切り離されました。この言語・文化はアルジェリアのユダヤ共同体にとって、自らの歴史からは遠く離れた異質な極地でありました。そして最終的に、あるいは第一歩として、ユダヤの記憶から、当初は自分たちのものであったが、ある時点からはもはやそうではなくなったユダヤの歴史と言語から切り離されたのです。少なくとも、アルジェリア・ユダヤ人の大部分に対して特殊なやり方で行なわれ、機械的でもなく外部から押し付けるようなやり方でもありませんでしたが……。植民地戦争、植民地における残虐行為と称される事象に見られる傲慢な特性や、精神的外傷《トラウマ》を生じさせる暴力性についてですが、こう言うことができるならば、私自身を含め［植民地戦争の］両面を経験として併せもつ者もいるのです。」

第4章

東洋と西洋、同質性と差異

Mustapha Chérif & Jacques Derrida

私には「あなたのお気持ちをお察しします」と言い添えることしかできませんでした。そして私たちに共通する心配事に関する討論、私たちのテーマに入るために、私の観方では、普遍的文明は万人に属するものであって特定の誰かのものではない、ということを説明しようと試みました。真の文明ならば多元的であるはずですし、普遍的なものならば万人に理解可能であるはずです。少なくとも〈ギリシア〉、〈アラブ〉、〈ユダヤ〉の三民族は地中海文明における三つの主要な歴史的契機でした。西洋はユダヤ・イスラーム・キリスト教的だったのです。かつてイスラームは、内側に抱え込む一部の潮流による抵抗がみられたものの、近代性《モダニティ》の形成と、近代性に備わる解放の力の発展に貢献してきたし、今日でもなお新たな展望の開拓に貢献する力をもっています。私は、デリダに対し問いかけてみると同時に、自分自身に対しても次のように問いかけました。「西洋における一部の人々は、あいかわらずイスラームとイスラーム文化の単純化した姿をこしらえることにこだわり続け、恣意的な基準から〈発展途上〉とみなされる東洋文化に〈先に進んでいる〉とされる西洋文化を機械的に対置し、自分だけが文明化していると言い張って、つねに自分たちの価値を力づくで押し付けようとしますが、それはなぜでしょうか？　地球上にある複数の世界を対立させるのは理にかなったことなのでしょうか？　今日《こんにち》、過去と未来に対する私たちの責任は何処《どこ》にあるのでしょうか？……」

ここでデリダが愛想よく言葉を遮ってこう言いました。

「今あなたが提起された問いかけ、そしておそらくこれから続くであろう問いかけはいずれも難しく、スケールも大きいので、真正面から網羅的にすらすらと答える、というわけにはいかないでしょう。この討議の場において私は、あなたの問題意識に遅れをとらないように、分かりやすく言うと、少なくともあなたの質問に宿っている精神に応えるために、その度ごとに遠回しの手段を見つけようとするつもりでいます。実際のところ私は、何よりもまず、あなたが言われたように諸文化を対立させることは不当であると考えています。もっと言うならば、それが誰のためであろうとも、植民地的な暴力、あるいは帝国やその他の権力がふるう暴力によって、ある特定の見方や怪しげな分割をおしつけたがることは不当であって認められないことだと思っています。イスラームに関するヨーロッパ的な固定観念の脱構築《ディコンストラクション》に着手する必要性について、私はあなたに賛成です。ギリシア、アラブ、ユダヤの三者間について慣習的に受容されている対立は疑わしいものにちがいありません。ギリシア思想とアラブ思想がある時点において接近し、混合したことや、私たちの知的・哲学的な記憶にとって重要な責務のひとつが、このギリシア・アラブ・ユダヤ相互の哲学的な接ぎ木関係、受胎の様子を見出す点にあるということは非常によく知られています。ここでスペインのことが頭に浮かびます。スペインはギリシア思想、アラブ思想、ユダヤ思想が実に親密なやり方で混ざり合う瞬間に立ち会いましたが、植民地化される前のアルジェリアにいた私の家族はおそらくこのスペインから移り住んできたらしいのです。そこで、今日私たちが負っている重要な知的責務の一つは、これらのいくつかの流れが、お互いに反発し合ったりせずに、お互いに豊かにし合うような源泉や瞬間を見出すことにあると私は考えています。他方、特にアルジェリアに関しては、私は東洋と西洋を対立させないでしょう。第一に、アルジェリアとマグリブ地域のアラブ・イスラーム文化は一つの西洋文化でもあるからです。複数形のイスラームがあると同時に、複数形の西洋人もいるわけですから。」

これに対し私は次のように答えました。実際、それを否定してもみ消したいと考える者もいるのですが、アラブ・イスラーム文化とユダヤ・キリスト教文化の間には、あるいは地球上のその他のあらゆる文化間には共通する側面があります。とは言ってもやはり差異もあるわけで、多くの側面についてつながりや類似が見られるにせよ、それらがまったく同じ軌跡をたどってきたわけではないし、同じ経験をはぐくんできたわけではありません。次の点を強調することを許していただきたいのですが、イスラームの内側についてはそれが外部からどう見えようとも、また、現代に姿を現した憂慮すべき「イスラームの」潮流や、発展を阻害する重力などがあるにせよ、私たちは例えば他者性、普遍、世俗化、非宗教性などに関して、「西洋と」同じ問題を抱えてはいないのです。私たちの参照基準を検討してみれば、とにかく他の文化圏や他の宗教よりも問題が少ない、ということは一目瞭然です。もちろん、いくつかの昔ながらのアラブ政体や、世間で取り沙汰されている政治・宗教的な過激主義運動、その両者ともが矛盾や一貫性のなさを露呈していますが、これらはイスラームではありません。私たちはあなたが見せる模範的な公平さに感謝したいと思います。確かに一神教同士は共通する様相をもつと同時に、かつては普遍的な文明の利益に相互に貢献し合ってきたときもありました。私たちはこの普遍的な文明の価値を引き立たせ、保護し、改めて活力を取り戻させなければなりません。それでもなお、こういった共通点、相互の貢献を超えたところでは、私たちの意見ですが、イスラームは本質的に特異なものなのです。したがって、地中海南岸において私たちが驚いているのは、北岸の広い地域で聞かれる合理主義的で反宗教的・無神論的な言説がイスラームに対し、キリスト教、諸神話、その他の信仰の歴史でも見られたような、不適切な批判や不適当なパラダイムをあてはめているという事実にほかなりません。たとえ様々な形で解放に貢献したとはいえ、西洋の一部が、ある非人間的なモデルに従うよう私たちに命じているのです。このモデルは奇怪な予断に基づいていて、私たちの眼にはヤヌスの姿のように二重で、解放的というにはほど遠く、バランスを欠いたものに映っています。要約すると、西洋は、神話的な領域よりも論理的機能を選んだ唯一の世界と言えるでしょう（厳密な合理主義の秩序にあてはまらないものは全て、この神話的な領域の方に分類されます）。そして、これはイスラーム文化をも含む東洋の生活や諸価値の形態からはなおいっそう逆方向に進んでいます。しかしながら、たしかに〈イスラーム教徒〉の一部あるいはその名を詐称する一部の者が彷徨してはいますが、イスラーム文化は真実の方向へ進むことが完全に証明されているのです。無理解が頂点を極めているので、イスラームがまさに見知らぬ者とみなされているのみならず、近代性を奉じる理性の側も、生きる試練という問題を説明・解決するという大きな問題を抱えています。我々はいったい誰なのか？　我々は誰のために用意されているのか、もしくは試されているのか？　とりわけ、日常生活に密着した宗教の終焉という枠組みにおいて、生きることをいかに学べばよいのか？　近代性は、神によって創られ秩序立てられた世界、可視的とも不可視的ともいえるしるしの代わりに、例えば何の理由も目的ももたない自然や客観的なデータや宇宙などについて語っていますが、だからといって私たちが度を越して困惑してしまうことはありません。ただ私たちは、特に現代において、革命や変革や進歩の約束が他者への脅威や非人間化などに変貌をとげてしまったこと、ならびにイスラームにおける人間の解釈が相手にされないことを見るにつけて、あたかも反乱を起こされたかのような強い衝撃を受け、深く失望してしまいます。もし私たちが、世界中で最も平和的に、世界中で最も自然なやり方で、諸潮流、嘘八百、二枚舌、混合、強者優位の法、自由の実践の部分的な堕落について批判したとしても、あらゆる扉が閉まってしまい、私たちはあらゆる悪をなしたと非難を受けることになるでしょう。けれども、他者を批判するまさに同じ瞬間に、私たちは自らが抱える矛盾さえをも批判したいと思います。つまり、まず世界が陥っている困難に対して、次に、自分の利益に従って判断を下す風見鶏的な政治に対して、それから、対話や交渉の拒否に対して、非合理的で不条理かつ曖昧なやり方で反発している私たちの矛盾をも批判するようにしましょう。他者の価値を貶め、対話と正義を拒否し続けるために、これらの盲目的な反応を恥知らずにも利用することは荒廃をもたらすものです。私たちは［イスラームと西洋］相互の利益のために民主主義《デモクラシー》の普遍主義、対話、交渉を強く求めています。なぜかというと、私たちは皆同じ運動の中に巻き込まれているということが分かっているからです。国際関係のレベルにおいて民主主義が貫かれることが私たちの望みであります。民主主義は内部の状況や諸民族間の関係を、特殊性を越えたところで決定的なやり方で規定します。それならば、数多《あまた》の決定機関がうんざりするほど繰り返している普遍的な民主主義や対話なるものはいったい何処《どこ》にあるのでしょうか?

デリダは優しさと厳しさが入り混じった口調で私に答えました。

「あなたは民主主義《デモクラシー》の普遍主義と言われましたが、これは限定するのが実に難しい概念です。この概念をもちだすためには、民主主義のことが、ある既成の政治体制モデルとは別なふうに考えられる必要があります。民主主義という考え方を君主制や貴族政治、寡頭政治等々といったあらゆる政治体制から区別しているのは、民主主義というものが自らの歴史性、すなわち自らの将来を受け入れ、自己批判を受け入れ、改善可能性《ペルフェクティビリテ》を受け入れるという、いわばモデルをもたないモデルという独特な政治体制である点につきると私は考えています。あなたは正しいのです。私たちの体制に見られる不十分な点、矛盾点、欠陥などを批判するのはあなたの民主主義的な権利です。民主主義を奉じるということは、異議を唱えること、逆に、異議を唱えられること、〈来たるべき民主主義《デモクラシー》〉の名において、民主主義と呼ばれている現状への異議申し立てを受け入れることなのです。だから私は、来たるべき民主主義ということをつねづね主張してきました。民主主義なるものはつねに未来にあります。それはひとつの約束であって、この約束の名においてこそつねに、事実上、民主主義のふりをしている何かを批判し、それを問題にすることができるのです。そう考えた場合、世界には、この来たるべき民主主義という概念に合致する民主主義は存在していないと私は思います。そしてそう考えた場合、もし対話が必要であるならば（あなたが対話の欠如について話されたからこう言うのですが）、対話というものは、来たるべき民主主義への扉が開かれることのうちにしかありえないでしょう。来たるべき民主主義という事象や、その見込みは私たちの前にあり続けています。それらのおかげで私たちは、どんな瞬間にも批判することができるのです。民主主義とは、各市民が民主主義の名において、民主主義的であると自称する物事の状態を批判する権利をもつような社会的組織です。まさにこういったものが民主主義と認められています。来たるべき民主主義の名において全てを言う権利、民主主義的主張、あるいは民主主義を批判する権利です。民主主義という概念、その名前は、まず、ギリシア文化から発しています。そのことは誰も否定することはできません。ただそう言ったからといってギリシア中心主義やヨーロッパ中心主義を標榜することにはならず、その語がギリシア文化起源であることに変わりはありません。しかしギリシア文化は民主主義の概念そのものをその出発時点から、今日では来たるべき民主主義がそこから自由になろうとしているいくつかの概念、現地性すなわちその地面の上に生まれた出生による帰属という概念、領土という概念、国家という概念そのものなどに結びつけていたのです。私は国家や市民権に反対する気は毛頭ありませんが、あえて、必ずしも国民‐国家や市民権だけに結びついているのではない民主主義を夢見ているのです。そしてこの条件においてこそ、普遍的な民主主義、単に国際色《コスモポリティク》が豊かであるだけではない、普遍的な民主主義が俎上に載せられることになるでしょう。たしかにコスモポリタニズム［世界主義］は非常に尊敬すべき概念ではありますが、国民‐国家や属地性［属地主義］というような、ポリス（*polis*）に結びついた国家と政治の概念に訴えるものであります。コスモポリタニズムを越えたところに普遍的な民主主義があり、それは市民性や国民‐国家を十分に超えることができるものだと思います。したがってあなたが話された西洋と東洋の間で、そして世界中の相異なる文化圏、宗教圏同士で対話が必要とされるならば、なおかつ武力ではなく言葉や思想による交流、力に訴えることのない交流が可能であるならば、それは国民‐国家にも、市民権や属地性にも結びついていない来たるべき民主主義の地平においてこそ成立するにちがいありません。それが、自由な発言や交流、つまりあなたが対話と呼ぶものの条件なのです。ただ、対話という言葉は、誤った意味で使われることがままあるので私はほとんどこの語を使いません。むしろ、他者を他者と認めた上で発せられる言葉、他者性をしっかりと認めた上で他者に向けて発せられる言葉、という言い方をするでしょう。あくまでも見通しにすぎませんが、この〈他者に向けて発せられた言葉〉は、来たるべき民主主義においては全てを言う自由を前提とします。つまり来たるべき民主主義は国民にも国家にも宗教にも結びついていませんし、言語にさえ結びついていないわけです。もちろん他者の宗教や、他者の固有言語《イディオム》のことを認めて尊重する必要はあります。これは当然のことです。しかし、他者の固有言語を翻訳する、すなわち、それを尊重しながらも同時にその敬意を介して「意味が通じるようにする」必要があり、これはあなたが普遍的な民主主義と呼んだことを前提としています。つまるところ、その敬意を介して意味が通じるようにするには普遍的な民主主義が必要とされます。つまり国民国家・領土国家がもつ主権を超え、属地性を超えた民主主義、あらゆる新しいテクノロジーを介した民主主義です。これらの新しいテクノロジーのおかげで、まさにコミュニケーションの領土的限界を超えうる民主主義は、新しい国際法に通じています。そのためにも私たちには新しい国際法が必要だと思います。あなたが対話と呼ばれたものが拘束を与えたりせず、力ずくではない形で可能であるためには真の国際法が必要ですし、自らの決断を実際に強いる力をもった、刷新されて皆に尊重されるような国際機関が必要なのです。ご存知のように、私たちが通り抜けている危機的状況は、総じて国際法の危機であるわけですし、小国の主権の喪失と大国の主権の濫用、この二つの要素の両方が引き起こしている主権の危機なのです。私は、私たちの討論の中心に主権の問題と国民 - 国家の問題を据えています。もし、あなたが民主主義の普遍主義と呼んでいるものが、今日の私たちから奪われていて、あなたが対話と呼んでいるものを可能にしてくれるのならば、それはこの新しい国際法を通してであると私は考えています。」

第5章

不正行為と急進的潮流

Mustapha Chérif & Jacques Derrida

そこで私は、なんとかして自分の不安をデリダに伝えようとしました。私たちは知識人として、そしてひとりの人間として不安を抱いています。もちろん私たちも希望を捨てているわけではありませんが、現代世界は一定数の「合理主義を奉ずる」潮流から多大な影響を受けているように思えます。西洋側だけでなくイスラームの地中海南岸にも、変化に対する抵抗や、請求書に対する支払いの拒否、あるいは、また別の形態をもつ潮流、つまり政治・社会・文化の分野を問わずとにかく他者に対して閉鎖的な態度をとる潮流があると認めた上での話です。時流に逆行する闘争は決して少なくありません。私たちの方も変革を受け入れる必要はあるとした上で、やはり私たちには、不正をなすモデルに依拠する覇権主義に反対する権利があると私は思います。大局を見れば私たちに選択の余地はありません。近代性《モダニティ》を避けてとおることはできません。しかし私たちの利益や価値に反すると思われるものを批判したり、訂正・修正を試みたり、自分たちに適合させようとしたりする権利が私たちにはあるのです。普遍《ユニヴァーサル》の要求を私たちは受け入れねばなりませんが、かといって私たち独自の指標を失ってはなりません。この争点は非常に重要です。

「どうすれば、私たちの根源《ルーツ》を失うことなく、近代的でありうるでしょうか?」言葉を換えるならば、どうすれば世界的な普遍モデルのもとでの発展を受け入れつつも、合理主義を奉ずる少なからぬ潮流に対して警戒し続けることができるでしょうか? これらの潮流の元をたどってみると、経済学的な面で、ネオ・リベラリズム〈あるいは正義の原則を損なってまでも利益を最優先に追求しようとする立場〉の支配と呼ばれるものがあり、感覚的な面では、〈日常生活に密着した宗教の退場〉、あるいはそこまで言わずとも倫理や独自性《アイデンティティ》を損なう状況といえる、一神教が伝えてきた道徳の終焉に行き着くのです。

たしかに近代性は、理性の優位と非宗教性を普遍化し、エネルギーを解放します。これはポジティブな側面です。しかし、これらの潮流の少なくとも三つに関しては解決策や補正措置、代替案が必要であると私は思います。なぜなら、それらの偏流が、人間的なバランスにとって致命的な、各領域のアンバランスや対立という特徴をまざまざとみせつけているからです。イスラームは、日常生活を構成している相異なる段階や領域のそれぞれをまったく混同したりせず、各要素の関連付け、一貫性、適切なバランスを追い求めているのですが……。

〈意味の面について〉懸念すべき点は倫理的なことです。近代市民の概念と、一神教を信じる人々一般、ことにイスラーム教徒が密接に結びついている意味との間のつながりはますます疎遠になってきています。これは世界《ル・モンド》の終わりではありませんが、ある一つの世界《アン・モンド》の終焉ではあるのです。

それでは、物質界と精神界《スピリテュエル》を有機的に結びつけると同時に、自閉的な状態や偶像崇拝に落ち込まないでいられる他者をいかに作り出すことができるでしょうか？　なぜかというと、今日、近代性というものは、単に、デリダが当然のこととして勧めている世俗化や非宗教性のみならず、非人間化、非精神化、〈脱意味化〉でもあるからです。

〈政治的な面について〉は、資本主義の支配下にある社会総体こそが政治執行のレベルを担っているのが現状です。私たちの意見では、この脱政治化は先例のないものであり、歴史をつくる可能性、責任ある民族として在る可能性が再び問題にされています。いわゆる先進国では、「表面上は」活発な議論がおこなわれ、正統な諸制度があり、人権意識が成熟しているにもかかわらず、共同で公的に義・美・真の探求に参加する責任ある市民でいる可能性には、ますます疑義が呈されるようになってきています。私たちは、現代的な意味でも、アブラハムに遡るほど古い意味でも政治的な存在をもっていません。現状は、強国の戦闘行為や、弱者の自殺による反発によって悪化しているのです。

それから〈知の面について〉ですが、私たちには、考える可能性、これまでとは違うやり方で考える可能性が再検討されているように思われます。精密科学の開拓によって万物を制御せんとするグローバリゼーションは、科学中心主義の一形態です。異文化性や学際性を引き受ける能力の減退や、自然の「人工的」操作に乗り出している諸潮流のうちに科学中心主義が見え隠れしています。

これらの観点に基づいて、私はデリダに次のような簡潔な形式を用いて質問しました。「現代西洋のすがた、つまり〈非宗教主義、科学中心主義、資本主義〉の三点セットが、世界的なアンバランスのみならず様々な重要問題の元凶のように思えるのですが、それらとどのように対峙すればよいのでしょうか?」

「私はあなたの質問の中で、あなたが西洋の三点セットと名付けて結びつけた三つの言葉に焦点を当ててみたいと思います。はたしてそれが西洋独自の三点セットであるかどうかはわかりませんが、とにかく科学主義、非宗教主義、資本主義というこれら三語を取り上げて、互いに関連づけながら話してみようと思います。まず科学主義についてですが、これは憎むべきものです。これは科学、学者、科学人などとは似て非なるものです。科学的な実践はつねに科学主義とは一線を画しているものです。科学主義は科学的権力の実証主義的な申し立てに過ぎず、知でもなければ科学でもありません。したがって、科学主義はつねに悪いものなのです。翻って非宗教主義は、今日ではそれ独自の変化を必要としていると思いますし、フランスではその変化が現在進行中だと考えています。さて、先ほどお話ししました来たるべき民主主義《デモクラシー》は非宗教性を前提とします。すなわち教権政や神学の領域からの政治の解放、したがって政治におけるある程度の世俗性と同時に、もちろん完全に首尾一貫した明確なやり方で国家から保証される宗教の自由、絶対的な宗教的自由を前提としていると思います。それは当然のことながら政治という非宗教的空間と、宗教的空間が混同されないという条件つきでの話です。現状においては何らかの非宗教性の概念が必要であると私は思います。非宗教性の概念といっても、フランスで国家と宗教の危機が叫ばれた時期に見られた、攻撃的な強迫の類ではもはやありません。今日の非宗教性というものは、自分自身に対してさらに厳格である一方で、諸宗教文化に対して、そしてまた、宗教的実践が混同や曖昧さがない形で自由に保障される可能性に対しては、今まで以上に寛容でなければならないと思います。もちろんある社会における自律した個人なるものについて、いったいそれが何であるのか、私自身、はっきり分かっているかというと自信はありません。自律した個人とは、自らに法を与える主体、主権をもつ主体であり、その点についてもさらに、そのような個人である自由は、ある程度の他律的態度、すなわち他者の法をある程度承認することが前提となっていると考えたくなります。法とはある意味、つねに他者の法なのです。しかしこの他律はいかなる隷属も、いかなる従属も前提としていません。したがって宗教的共同体は、非宗教的な空間にありながらもその空間を脅かすことなく、個人の自由をしっかり尊重する形で何の問題もなく宗教的共同体として組織されうるのです。換言すると、個人的な話……、おそらく今から私はある個人的な特異性を皆さんにお聞かせしようとしているのでしょうが、私はいつも宗教的な共同体主義、すなわち、個人を圧迫し、個人が非宗教的市民として行動することを阻む群居性の共同体形式に対しては抵抗する傾向がありました。宗教的であると同時に、宗教的共同体によって群居化されている意識ももたずに、非宗教的市民として行動することは可能なのです。と言うことは、あなたは二つのレベルの有機的連関について話されていることになります。関連づけるのが非常に難しいのは、今日フランスがはまりこんでいる問題です。もちろんフランスだけの問題ではありませんが、それは個人の自由あるいは市民の自由と、個人の宗教的共同体への帰属をできるかぎり平和裏に結びつけるという問題です。ただし宗教的共同体への帰属が抑圧的、弾圧的、強制的なものでない限りにおいての話です。だから私は国家が責任をもつことを信じています。なぜかというと、私は先ほど主権をもつ国民‐国家の凋落あるいは危機という主題についてお話ししましたが、それでもやはり私たちは国家を必要としているからです。したがって、私は反＝国家管理主義者ではありません。私は国家の主権と、その起源についていくつかの問いを自らに立てています。そもそもその起源は神学的といえるのです。私たちの生活の基盤ともいえる政治にまつわる諸概念は、世俗化した神学的諸概念であると私は考えています。したがって私は国家の主権という観念や、もっと言うならば国家という観念の宗教的起源について自問しているのですが、そう問いかけながらも、私はやはり国家の必要性に対して真正面から異を唱えたりはできないのです。国家なるものはいくつかの条件において（まさにその都度《つど》評価し直して、責任をとる必要があるのはこれらの条件なのです）、非宗教性、あるいは諸宗教的共同体の生活の保証人でありうるのです。国家は、何らかの経済的勢力、度を越した経済的な集中、経済的権力をもつ国際的な勢力に抵抗することができます。こう考えると、国家はそれ自体が悪いものではないと思うのです。たとえ、国家の主権や、本質的には神学的なその起源について絶えず問いかけてゆかねばならないとしてもです。そしてそこにこそ困難な仕事、私が脱構築と呼ぶものがあり、それは次のような行動を同時に行なうことです。一方で、例えば西洋思想、とりわけ西洋思想を織り成している政治の諸概念における神学的な系譜について問いかけること。他方で、ある決まった文脈、限定可能な文脈において、今まさに問いに付され、脱構築されているこれらの概念の存続を維持すること、この二つを同時に行なうことなのです。もちろん私たち皆に直接かかわる諸問題を避けないようにしましょう。それは、いわば西洋、西洋と呼ばれているもの、実は二つに分けて考えねばならない概念（ヨーロッパ的西洋はアメリカ的西洋ではありません）と、単純にアラブ・イスラーム世界ではなく、これまた分けて考えなければならない東洋、との間で生起する諸問題です。しかしながら、これらの諸問題において、あなたが対話とお呼びになったもの、［私の言い方では］暴力をもちいずに他者に対して向けられる言葉が成立する条件とは、先ほど私がお話しした〈来たるべき民主主義〉を全員が承諾することであると私は思うのです。この来たるべき民主主義は脱構築、つまり国民国家の主権について提起される脱構築的な問いかけ、政治の本来的な意味における非宗教化、すなわち神権政治と政治の分離を前提とします。私たちは（……）、この場合私はフランス人、西洋人、つまるところ西洋哲学者として話しているのですが、私たちが最優先の責務とみなすべきなのは、アラブ・イスラーム世界において政治の非宗教化という観念や、神権政治と政治の分離という観念を広めようと努力している組織あるいは個人と連携することだと思います。そしてこのことはまた、政治や民主化への敬意だけでなく、信仰や宗教に対して敬意が払われてこそ実現することでしょう。［地中海南北］両岸から、神権政治と政治の分離を成し遂げる必要があります。これにはもちろん政治的なものという概念の変化、とりわけ政治的なものという概念の非宗教化、と私が呼んでいることについて自問する必要があります。政治的なものというのは、いわゆる〈西洋的な〉政治思想において最も基本的な概念のひとつとして残っていますが、根本的には神学的なものなのです。」

第6章

区別するべきか、関連づけるべきか？

Mustapha Chérif & Jacques Derrida

今日でもなおこの問題意識は有効なのですが、相互理解の実践こそが最も重要であると私は思います。まず、目の前の事象を見てみましょう。生き方を学ぶ難しさ、不正行為、数々の失敗、袋小路、諸々の潮流、それから近代的理性、各宗派の教会等々。次に、私たちイスラーム教徒が大事にしている二つの自覚を見てみましょう。第一に、〈存在する〉こととは本質的に言って、神秘と開示という形態で現れる、という自覚です。神秘と開示は、表面にははっきりあらわれず、いわば姿を隠しているので、そのままの姿でそれを受け入れる必要があります。第二に、切っても切りはなせない同質性と多数性の関係はどうしても無視できない、という自覚です。つまり、イスラーム教徒の記憶の奥底で共鳴している数々の主要な動向によって補強されている二つの次元の関係です。このように、先述した数々の事象や、二つの自覚を見るにつけて、やはり相互理解は最重要課題といえます。西洋人のなかには、きわめて重要な諸段階、つまり霊的な意味と、論理の意味や正義の意味との間には一貫性など一切ありえないし、いかなる結びつきも不可能であるし、いかなる交流もありえないと考える人もいます。ところで、イスラーム側は、イスラームこそが神秘へと誘《いざな》い、神の啓示に忠誠を誓い、この現世の人生こそが最終目的であるという宗教的なヴィジョンをとりわけ愛する者であろうと欲しているのです。そうするからといって、イスラームが宗教と政治を区別していないわけではなく、前述のように、この二つの次元をなるべく対立させないように、目の前で生じていることをしっかり見据えてそれに参加しようという配慮も見せているのです。確かに今世紀のイスラームは遅れていて、さらに悪いことに、イスラーム教徒の一部が致命的なやり方で宗教を道具化し、不寛容に身を委ねてしまっているがために反近代的なものとみなされているわけですが……。こういった矛盾や急進的潮流という否定的な事実、なおかつ、天によって大地が破壊されないかぎりはイスラームも世俗界をなおざりにしたりはしない、という積極的な事実をも超えたところで、やはり神秘との関係はイスラーム教徒の信仰の中心から離れてはいないのです。私はその点が他者とは異なる点であることが分かっていたので、次のように問いを立てました。

「現代哲学は神秘の問題について何を語ることができるのでしょうか？」

晴れやかな笑みを浮かべ、デリダはこう答えました。

「私が学生の頃は、ガブリエル・マルセルの伝統に連なる形で神秘《ミステール》と問題《プロブレム》はしばしば区別されました。つまり哲学的な生成の対象である問題と、問題化しえない神秘という区別です。しかしここで神秘と問題の概念についてこれ以上深入りするつもりはありません。私が言いたいのは、科学は生命、遺伝学、生物学についての学識同様、存在としての生命という意味における神秘についての学識に関しても未知のものを知ることによって発展し続けるべきであり、この見方からすると、あらゆるものは生活の中に未知なまま残されている何かに触れている、と言えるでしょう。たとえ政治を非宗教化する、すなわち政治と神権政治を区別したからといって、いかなる点においても、あなたが生命の神秘と呼ばれたものや、信仰の諸問題についての理解を深めることが制限されるようなことはないと私は思います。個人的に、私はいつも信仰と宗教を区別しています。いくつかの宗教があり、いくつかの建設的な宗教があり、それらは複数で、人々はそのうちのどれかに帰属することもできるし、帰属しないままでもいられます。また、私がアブラハム的と呼ぶいくつかの宗教があります。それは、お互いに共通する遺産あるいは共通する起源をもつユダヤ教、キリスト教、イスラーム教です。宗教的と呼ばれてはいるもののおそらく宗教とはいえないその他の文化もいくつかあります。つまり宗教という概念はひとつの曖昧な概念なのです。私は『信仰と知』の中で、このテーマについて、宗教の概念そのものの曖昧さについて書こうとしました。はたして仏教はひとつの宗教なのでしょうか？　道教はひとつの宗教なのでしょうか？　これらは本質的な問いかけですが、この場では脇に置いておかねばなりません。そこまで話を広げずにこの対談の場では、私たちが慣習的に〈聖書〉の三宗教というアブラハム的世界の宗教と呼んでいるものだけに話を限定するならば、ユダヤ教、キリスト教、イスラーム教への宗教的帰属と、あらゆる社会的関係を可能にしている基礎としての信仰というもの、これらを区別したいと思います。私はどんな人であれ、その人の宗教、その人が話す言葉、その人の教養がどんなものであれ、彼に〈私を信じてください〉、〈私を信頼してください〉と頼まずには、その他者に声をかけることはできません。他者との関係、他者への語りかけには信仰が前提とされています。誰かが嘘をついているとか嘘をついていないとかを証明することは決してできないし、証拠立てることなど決してできないでしょう。証拠立てることは不可能です。私は何か間違ったことを言ったかもしれないが心の底からそう言ったのであって、間違っていただけだ、嘘をついたわけではない、人はいつもこのように言うでしょう。このような見地に立つと、誰かが私たちに言葉をかけるとき、その人は自分のことを信じてくれるように頼んでいるのです。そして、この信仰によって、金融市場で使われる意味での信用や、社会的信用、社会における認証や正式な承認のあらゆる形態とまったく同じように、言葉の交換が保証されるのです。この信仰は社会的絆それ自体の条件です。信仰なくして社会的絆はあり得ません。さて、いま私が定義した信仰の必要性を強く主張することによって、政治の非宗教化を推しすすめることができると思います。それに、普遍的で、皆が共有しているこの信仰、それがなければ社会的絆がありえないような信仰という土台に基づいてこそ、厳密な意味での宗教的帰属を尊重できますし、尊重しなければならないのです。だから、真の信者、つまり真の意味でのユダヤ教徒、キリスト教徒、イスラーム教徒たち、これらの宗教の単なる教条主義者ではない者たち、宗教的信仰に真の意味でどっぷりつかっている者たちは、そうでない者たちよりも他者の宗教を理解し、先ほど私がその普遍的な構造を説明した〈信仰〉に到達する素地がある、と私は確信しています。したがって、政治の非宗教化と、あなたが生命の神秘と呼ばれたこととの関係、すなわち信仰の中で一緒に生きるという事実との間に矛盾はないと考えています。信仰を表明する祈り《アクト・ド・フォワ》なるものは奇跡によるものではなく、まさしく私たちが呼吸している空気なのです。私が口を開くやいなや、たとえ私が嘘をついているにしても私はあなたに今まさにこう言っているのです。〈私はあなたに真実を告げています。私を信じてください。私はあなたに真実を告げることをお約束します。〉そして、この信仰を表《アクト》明する祈り《ド・フォア》は社会的関係、社会的絆そのものの中に含まれているので、自分たちの信仰をいつでも戦争の武器に変える準備ができている、世に言う原理主義者、伝統完全保存主義者《アンテグリスト》、教条主義者《ドグマティック》等々ではない者たち……、繰り返しますと、原理主義者や伝統完全保存主義者や教条主義者ではない真の信者ならば、他者の宗教や普遍的な信仰を理解する素地をより多くもっているのです。そう考えると矛盾が生じたりはしないのであって、政治の非宗教化、いわば社会的絆それ自体と政治的絆それ自体の分離と、あなたが言う生活に密着している神秘との関係とのあいだには結びつきがあると私は考えています。」

そこで私は厳しい現実についての質問へと移ることにしました。「各地域間の対話をいかにして再開できるでしょうか？　各地域が共有している脅威や、両者間の複雑な歴史に立ち向かうためには、歩み寄りこそが基本的路線となるべきですが、反対に閉鎖的な方向へと向かう勢力にいかに対抗できるでしょうか？」

デリダは次のように答えました。

「歩み寄りというのは決断される何かなのです。誰かに無理やり話させたり、こちらの言うことを無理やり聞かせたりすることはできません。そうするとやはり信仰の問題に戻ってきてしまいますね。戦争がある場所ならどんなところでも信仰の問題があるはずで、しかも今日、いたるところで戦争が勃発しています。平和の実現は、交戦国の一方が最初の一歩を踏み出し、リスクを負ったイニシアティブをとり、対話を再開して単なる休戦ではない平和の達成をめざす場合にのみ可能となります。休戦と平和の違いですが、休戦とは交戦状態を暫定的に終わらせるものですが、カントが言うように平和は永続的なもの、本来的に永続的なものなのです。平和の概念は永続を含んでいます。戦争はほんのわずかな間でもなくならないので、私たちは平和をめざして永久に努力し続けているのです。ここで私はイスラエルやパレスティナのことを考えています。そしてまた、多かれ少なかれ仮想的《ヴァーチャル》な戦争についても考えています。不幸な話ですが、私はあなたがたに無数の例を、あまりにも多すぎる戦争の例を挙げてみせることができます。歩み寄るか閉じこもったままでいるかの違いは、もし自分が他者に対して最初に話しかけて、手を差し伸べなければ戦争は延々と続くことを十分承知している当事者が負うリスク次第、リスクを負って担う責任次第でその都度ちがってきます。何の行動もとられず、終始、戦闘行為を停止するための前提条件が提示され続けるだけならば、その場合、戦争は永遠に続くことになるでしょう。閉じこもってしまうことと歩み寄りとの違いは、責任の問題にかかわるのではないでしょうか？私は他者に〈はい、分かりました〉と言わなければならず、他者への〈はい〉は明らかに一つのイニシアティブなのです。人が〈はい〉と言う場合、それは自由な振る舞いであり絶対的なイニシアティブでありますが、それはすでに一つの回答なのです。私が〈はい〉と言うとき、〈はい〉の構造はある回答の構造なのです。人が〈はい〉と言うとき、その人は答え始めています。もし誰かが、かりに中東諸国の首脳の誰かとしましょう、もし誰かが、その場合に負う必要があるリスクを承知の上で、平和に対して真っ先に〈はい〉と言うならば、まさにその歩み寄りが提起する問題こそが、和解や交渉や平和の確立などを可能にすることでしょう。この意味で、歩み寄るか閉じこもるかは外部から強いられることではなく、〈はい〉と述べるリスク、すなわち日常生活レベルにも当てはまる肯定のリスクを負うかどうかにかかっているのです。」

歩み寄りのことをなおざりにするわけではありませんが、近代性《モダニティ》を奉ずる諸潮流に対する批判的な観方から、私は次のように述べました。

「[現代では]どうやって生きていけばいいのかを学ぶことが実に難しく、説得力をもたずに、むしろ失望させたり心配させたりするモデルしかないというのに、イスラームに対してどうしてあのようなけんか腰になる必然性があるのでしょうか？　なぜわざわざ、西洋化やヨーロッパ化やアメリカ化をすすめて進歩に順応し、文明化したと見られる必要があるのでしょうか？」

それまでも非常に注意深く、教育的効果を考えながら語ってきたデリダでしたが、ここでも謙虚さを保ちつつも強い口調で次のように語りました。

「またあなたは実に難しい質問をされました。あなたがなさる質問がすべてそうであるように、その質問も非常に長い回答を必要とするたぐいのものです。かなりおおまかな回答を即興でしなければならないのでいささか気が引けるのですが……。ある意味で、グローバリゼーション［原文は仏語のモンディァリザシオン］、あるいはアメリカ人が使うグローバリゼーションという曖昧な言葉で語られる事象は、科学・技術による普遍的なヨーロッパ化であったと言えます。そして、このヨーロッパ化に反抗する者たちでさえ、あるいはテロという暴力行為によってあの暴力的なヨーロッパ化、あの暴力的なアメリカ化に反抗することを望む者たちでさえ、たいていの場合、何らかの技術的、科学技術的、時には科学技術的かつ経済的なヨーロッパ化を基盤として活動していると言えるでしょう。したがって、この点について諸概念を徹底的に見直す必要があると思います。

第一に、逆説的な言い方になりますが、グローバリゼーションなるものは生じていないと私は思います。これは誤った概念であって、一つのアリバイであるケースが多いのです。世界がこれほどまで不平等主義一辺倒になってしまい、これほどまで富が共有されえない、実際に共有されていない時代は過去に例を見ないのです。他方で、あなたがアメリカ化とヨーロッパ化についてお話しになったので言っておきますと、アメリカ化とヨーロッパ化を区別する時がきていると思います。私のこれまでの業績をもち出して恐縮ですが、私は長年の言説からヨーロッパ中心主義者ではなくて、むしろその反対にヨーロッパ中心主義に疑義を呈した人物とみなされていることはご存知かと思います。この立場からすると逆説的に聞こえるかもしれませんが、私たちは少し前から、特に数ヶ月前からある歴史的な瞬間に立ち会っていると思います。あるアメリカと……、アメリカ合衆国一般のことではなく、アメリカの権力の一部、アメリカの政治の一部のことを言っているのですが……、アメリカの政治の一部とヨーロッパの潜在的な政治力のあいだに亀裂が入る可能性がますます高まってきている瞬間です。念を押して言っておきますが、ヨーロッパ中心主義的な観方から言うのではありませんが、イスラームは何らかのヨーロッパに属しています、いや、属さなければならないだろうと思います。ヨーロッパは、自らを作り直し、アメリカ合衆国の覇権主義的な一方通行主義《ユニラテラリスム》とは一線を画し、そこから袂を分かつと同時に、世界にあって、アラブ・イスラーム世界同様にいつ何時でも〈来たるべき民主主義《デモクラシー》〉を達成する用意がある勢力とともに、新たな責任を担おうとしている途上にあると私は思っています。私にとってこれは目新しい動きに見えます。繰り返しますが、私はこれまでの業績において、ヨーロッパ中心主義的伝統（もちろん植民地的な伝統だけではなく、国際法の根拠となった諸概念の構造に色濃く見られるヨーロッパ中心主義の伝統）をむしろ疑う傾向をつねづね表明してきたつもりです。国連の法律、安全保障理事会などは西洋的諸概念に基づいてつくられているので、私はそれら全てを再び問題にすることをめざしてきました。それにもかかわらず、あの戦争の初期、イラク侵攻の初期から（言うまでもないことではありますが、会場にいる私たちの多くがそうであるように、私もつい最近崩壊したイラク前政権に対してはいかなる同情も抱いておりませんが、アメリカ合衆国が一方的なやり方で、国連や安全保障理事会の諸法律に違反するなどして実行したやり方に対しては断固として反対の立場です）…。さて、私が思うに……、このことはドイツの哲学者ハーバーマスと共に署名した記事で繰り返すつもりですが……、この記事は今月の終わりに『リベラシオン』紙に掲載される予定です［●1］、私が思うに、最近歴史的に見て重要な出来事がありました。ヨーロッパの国の大臣のだれそれが……、私はアスナール、ベルルスコーニ、ブレアらを念頭に置いているのですが、そういった人々が全ヨーロッパをアメリカ合衆国の後衛に引きずり込むことを望んだのと時を同じくして、アメリカのイニシアティブに反対する大勢の民衆のデモ

●1　《Pourquoi je consigne cet appel》, avec Jürgen Habermas,《Unsere Erneuerung》, *Frankfurter Allgemeine Zeitung*, 31 Mai; *Libération*, 31 Mai（「われわれの戦後復興——ヨーロッパの再生」瀬尾育生訳『世界』、二〇〇三年八月号）

が、アメリカやその他の国々の街中で繰り広げられたわけです。その動きにこそ、また、フランスとドイツが足並みを揃えて行動している点にこそ、ひとつのヨーロッパが姿をあらわす端緒が見られるわけです。そしてそれ［ヨーロッパの姿の端緒］は世界をヨーロッパ化しようなどという気などさらさらなく、アメリカという超大国の覇権（この覇権自体、不確かなもので、それ自体危機的な何かを孕んでいます。事実、この覇権は実に強力でありうると同時に無力さの徴候を示すこともあるのですが、両者は矛盾しません）、あのアメリカという超大国の覇権とその他の世界とのあいだに入って、あなたの言葉をつかうならば、諸国民国家あるいは諸アラブ・イスラーム文化との対話に着手することができるでしょう。もちろん先ほど触れた、あの来たるべき民主主義の精神においてです。私の意見では、今日、ヨーロッパの新たな責任が模索されているのだと思います。その新しい責任がみつかることを私は願っています。この見解については他の場所、『ならずもの』という題名の短い著作や少し前に触れたテクストの中でもっとうまく説明しています。それを非常に単純化して説明すると、現代においては世界各国に対するヨーロッパ化すなわち、アメリカ合衆国やヨーロッパを含む西洋人による暴力的な覇権［をめざす］という見方を退ける必要があると私は思います。この考えを捨て去らねばなりません。ここに「仕切り直し中のヨーロッパ」の特性があるのです。この「ヨーロッパ」は、（これは私の願望にすぎませんが）多くの地中海諸国、とりわけマグリブ諸国、その中でももちろんアルジェリア、それから中東諸国などとともに、私たちが現在暮らしている世界の地勢を変革するでしょう。そしてそれは、この対談では食傷気味かもしれませんが、〈来たるべき民主主義〉の方向性においてです。この言葉は経済的なので、時間をかけずに説明したい場合にはこの表現を使わざるをえないのです。」

まさにその瞬間、そのメッセージが聴衆にしっかり伝わったことをデリダに知らせるために、彼に感謝の意を示した後で、私はこう付け加えました。

「ヨーロッパとアメリカのそれぞれが異なる特性をもつことは分かりました。ただ、よく考え抜かれた思想をもってすれば、宗教を見下したりせずに、世界に未解決のまま残されている政治問題の決着や正義にまつわる諸問題の解決をうながすことができると思うのですが、ヨーロッパとアメリカという優勢を誇る世界がなぜ自分たちの責任をなかなか受け入れられないのでしょうか？私たちにとってみれば、近代性《モダニティ》の推進力である西洋は大胆な政策も提案しないし、ひとつには正義の問題、それから意味の問題を中心に据えた社会政策も提案しない、というイメージが定着しています。そうすると、このヨーロッパというモデルは宗教的なもの全て、霊的なものと非宗教的なものの結びつきの全てを等閑視する、あるいは周縁に追いやってしまうだけでなく、それを批判したり、それに反対したりするモデルといえるわけですが、このモデルがもたらす利益、その力と特性とはいかなるものなのでしょうか？」

その回答としてデリダはこう語りました。

「それはですね、私が思うに、ヨーロッパというのは曖昧な概念で、実に多彩な物事をひっくるめて示す普通名詞なので、国家の宗教に対する関係は例えばフランスとドイツとイギリスとイタリアでは同じものではありません。それにもかかわらずヨーロッパ国家全てに共通する点があります。それは、当然細かな差異はあるものの、宗教を軽視することなしに国家と宗教を分離する原則です。これとは逆に、アメリカ合衆国や一部のアラブ・イスラーム国家には、両者とも異なる形態をとっていますが、政治と教権政治の寄せ集め《アリアージュ》あるいは結束《アリアンス》というものがしばしば見られ、私見に過ぎませんが、今こそ、これを問題にして変えてゆかねばなりません。そして、あなたが援用される熟考する思想というものがこれらの点に関わってくるはずです。また、そう言ったからといって宗教に反対する話をしているわけでは全くないのです。反対に、まさに宗教に対する敬意によってこそ物事を切り離して考える必要があります。つまり宗教の名において、あるいは宗教の権威の下で、または時として宗教的政権の権威の下で諸政策を推し進めることを止めなければならないのです。残念なことですが、アメリカ大統領のなにがしや、アラブ・イスラームのある国の首相のなにがしかに共通して見られることは、まさに彼らの政治的な言説がもっとも教条的な形式をもつ宗教的な言説であるということなのです。私はその人が誰であろうとその人物の存在が全体化することを信じたことなど一度もありません。いずれにせよ私自身の存在の全体化などもってのほかです。よって、政教分離は避けられないと考えています。ところで、社会的な関係は他者への割り込みからもつくられます。他者と同じように私が他者にかかわること、それは単に私が他者につながるというだけではなくて割り込みを尊重することでもあります。ブランショやレヴィナスが述べた、私たち個人同士の関係のような関係です。私が他者とかかわることは信仰《フォワ》を前提としています。にもかかわらず、たとえ私たちの各人における、そしてまた私たち同士におけるこの簡略化できない分離を考慮に入れたとしても、共に生きるということは分離と割り込みを認めて受け入れることでもあるのです。あなたがたが人類の総体あるいは全体と呼んでいるものについて問いを立てること。この全体を経験すること、あるいは経験しようと試みることは可能であり、その全体を宗教的に経験したり、宗教からこの統合の原理を引き出したりすることさえも可能であると私は考えています。私自身には当てはまらないと思いますが、信仰一般においてだけでなく、そのような宗教的信仰において、自らの行動や倫理、そして生活規則の総合的な全体の原理を見出すことが、他の誰かのケースでありうることは認めます。もちろんその原理から、普遍化が可能で他者に対して押し付けうる政治的規則の体系をひねり出したりしない限りにおいてですが。政治の領域や法律の領域、したがって同じように正義の領域（私は法律と正義をしっかり区別しています）は、人間存在のこの総体性とは分けて考えるべきです。世間では、存在の全体のようなもの、または自分自身の総体性などに注意が向けられるやいなや、必然的に全体主義、つまり政治モデルとしての存在のモデルを全体化することにつながってしまうという意見もありますが、私はそうは思いません。私は、他者との関係を保つことは正義の条件であると思います。私はいつも法律と正義を区別しています。というのも法律には歴史がありますが、歴史は正義に適合しないからです。また、法律が歴史をもっているというのはまさに、必ずしも正義にかなったことが法律や法的《ジュリディック》なことや合法性に還元されるとはかぎらないからです。私たちの存在に活気を与えてくれる正義感は、法的なことに還元されてはならないと思います。同じように、政治に一体化されてもならないと思います。ここでもまた私は、政治的なもの、法的なもの、実存的なものといった異なる領域を分けて考えることに賛成なのです。」

ここで私は、南海岸にいる私たちも見て見ぬふりはできないグローバリゼーションのテーマに触れることにしました。霊《スピリチュアル》的な諸価値が副次的なものとみなされ、責任ある市民として在る可能性が狭まり、極端な自由放任が一方にあります。これらへの反動として諸々の禁止事項を強いる伝統完全保存主義《アンテグリスム》や、非合法な目的でそれら禁止事項を利用することなどが生じ、人類の大半が貧困状態に陥っています。これについてはデリダが『マルクスの亡霊たち』の中で、「地球上の人類そして人間性が、暴力、不平等、追放、窮乏、つまるところ経済的圧制によって、これほどまで悪影響を受けたことはかつてなかった」と、実に正当に指摘しています。この状況は、北側の意志決定者の一部に見られるエゴイズムと無分別や、変革や透明性の実現などの考えに恐れをなして麻痺状態に陥っている南側の意志決定者の一部を見る限りでは、この状況は完全に不可逆的なのではないでしょうか？　たしかに北側諸国では連帯が叫ばれたりする時もあるのですが、実際にはほとんど変化など起こりません。発展のための援助は削減され、豊かな国々の予算に占める割合は平均でたった〇・二%にしか過ぎず、アメリカ合衆国にいたっては〇・一%です。また、国際機関が講じる経済・財政政策も、独立の目的や、人々の特性や尊厳を考慮に入れていません。第三世界の中でも約十数カ国は第四世界［最貧国諸国］と呼ばれるようになり、その地では不安定な状況がさらなる極貧状態へと変貌しています。第三世界よりもさらに貧しい第四世界、それはほとんどゼロの世界、すなわち私たちの目の前にありながら不在としか言いようがない世界が現実に存在しているのです。場合によっては、豊かな国々と貧しい国々とのあいだの格差が一対一〇にまで達するときもあり、飲料水も不十分で、最低限の栄養もとれず、最低限の治療すら受けられない状況を見ると、比較するのも無駄に思えるケースがよくあります。北側諸国では次々に富が創り出され、本当に必要とは限らない無制限の消費社会をめざす政策がとられています。南側諸国においては無数の民衆の貧困化が進んでいます。彼らは慎ましい生活の基盤さえも欠き、ときに生じる自然災害のみならず、頻繁に見受けられる、内と外からの直接・間接を問わない略奪や支配に対峙せざるをえません。こうして、災いをもたらすアンバランスが生まれ、不平等や破壊へと導かれるので、実際のところは、グローバリゼーションや人権や民主主義が俎上にのぼるその同じ瞬間に、強者優位の法則があまねく働いているわけです。こう考えるならば、資本主義モデルやグローバリゼーション・モデルを称讃する言説はその価値が低下するか、さらには失われてしまうでしょう。諸国間の関係が民主主義精神の跡をほとんどとどめていないのは紛れもない事実ですが、国連憲章や世界人権宣言を創りあげた先人が望んでいた状況はそのようなものではありませんでした。もちろんだからといって、私たちが民主主義に通じる道を断固として貫き通せなくなっているわけではなく、まったくその逆です。普遍的な民主主義の理想に賛同すると同時に、私たちの法律であり正義であり意味でもあるイスラームから霊感を得ようと欲することが私たちの要求なのです。ただし、前もっては何も与えられていないし、あらかじめ踏むべき手順など与えられていないことは承知の上での話です。民主主義は私たちの社会、特に南側の社会に欠けているもので、国際関係のレベルでも不足しているのは事実です。けれども、卑見にすぎませんが、民主主義にいたるには、あきらめずに他者との共存と他者への敬意を目ざす強い意志がどうしても必要になるでしょう。急を要しているのは、一方で個人間の公平な関係を、他方で諸々の社会同士の公平な関係を再構築するのに必要な国際的な民主主義にたどりつくことです。他者の存在なくして自らがうまく立ち行くことはありません。私たちの特性とはかけ離れていて、おまけに真価をまったく示していない概念が私たちに押し付けられようとしていますが、それは無駄な努力です。そこで私は、招待したこの哲学者に次のような感想を述べました。

「あなたの『マルクスの亡霊たち』［一九九三年］や、現代世界の混乱を思えば実に示唆に富む『ならずもの』［二〇〇三年］というタイトルの最新作の内容について、南海岸に住んでいて何らかの代替案を模索している私たち、あなたから見れば他者にあたる私たちも他人事とは思えませんし、この上ない関心を抱いています。」

「たしかにそれらの著作を書いた当時の状況では、あのグローバリゼーションの概念に焦点が当たっていました。グローバリゼーションという概念は、技術やコミュニケーション手段だけでなく世界の富には誰もが自由に接することができ、市場は開かれていて、それぞれの国家自体に命令されるようなことはもはやないと信じ込ませるために、疑わしいレトリックで飾られて前面に押し出されることがよくあります。この概念は不明瞭なレトリックに属していて、透明性や平等などが今まさに手の届くところまできているというだけでなく、すでに手の中にあるような気にさせます。その事実こそ私が『マルクスの亡霊たち』の中で分析したものであり、世界秩序の十の災い《ディ・プレ》と呼んでいるものです［①失業、②ホームレス、③諸国間の容赦なき経済戦争、④自由市場の制御不可能性、⑤対外債務問題の深刻化、⑥軍事産業・取引、⑦核兵器の拡散、⑧民族間の戦争の激化、⑨あたかも国家であるかのように世界に勢力を拡大しつつあるマフィアなど闇の勢力、⑩国際法とその諸制度の現状］。今日ほど、その絶対数において不平等、飢餓、貧困、不完全雇用がこれほどまで進んだ時代はありません。とても必要なのに仕事がみつからない人や、仕事の量を減らすべき場所であまりにも働きすぎの人がこれほどまで多い時代は、過去に例を見ません。また、これほどまで多くの不正行為が生じている時代も前代未聞です。したがって、このようなグローバリゼーション以外は道がないかのような現状において必要とされるのは、国際法の刷新であり、主権の関係の刷新であり、技術・政治・経済の刷新なのです。先ほどからすでに何回も国際法の方へ話をもっていっているわけですが、猫も杓子も全てを法律問題に還元したがっているわけではありません。とはいえ、つい最近私たちが体験したばかりの出来事、私たちが体験している最中の出来事の数々が、目をみはるようなやり方で、まさに国際法を劇的に侵害する光景をまざまざと見せつけている今、諸々の国際機関が本当にあるべき姿ではないということを私たちは認識する必要があると思うのです。なぜならば、それらの機関が無力であるからですし、ヨーロッパ起源の諸概念によって構造化されているからです。これらの概念を再検討し、完璧なものに修正する必要があります。私はなにも国連という存在に異を唱えているわけではありません。国連の自己改革能力には期待しています。ただ特に、国連が自らの決定を確実に適用させるために、自らの決定を実行に移すためにいかなる独自の手段も有していない組織だということだけははっきりしているのです。そういうわけで、国連あるいは安全保障理事会がひとつの決定を下すたびに、その実際の適用は、軍事、経済、技術の力がもっとも強い国、すなわち大筋のところはアメリカになるのですが、もっとも強い国に委ねられるわけです。アメリカという、任意の国を〈ならずもの国家〉と有無を言わさず決めつける力をもつ国に委ねられるのです。ところで、変えてゆかねばならないのはこの状況だと思いますし、この状況は、私たちの目の前で暮らしている大勢の見知らぬ人々とともに、苦痛や痛みを感じながら、そして逡巡を見せながらも今まさに大きく変わろうとしています。第一に、この状況は法律の上で変わる必要があるでしょう。私は伝統的なマルクス主義者ではありませんが、やはり法律の構造は、技術＝経済型の下部構造の諸条件によって支えられているという形式的構造であるということはよく分かっています。変えなければならないのはこの技術＝経済的な力関係であって、この力関係さえ変われば、法律上の関係に変更が加えられるでしょうし、新たな国際機関、新たな主権分有のかたち、そして新たな主権概念が配置されることでしょう。神学的な遺産である主権概念は不可分性を前提としています。ボダン［●2］やホッブス［●3］のように、主権について説いた偉大な理論家たちは皆口を揃えて、君主のものであれ、あるいは民衆のものであれ、個人のものであれ、主権は不可分であると主張してきました。現在までこの定義が誰かに否定されたためしはありません。しかし今日私たちは、主権は分有されねばならない、主権は分割できるものである、という事実を考慮に入れねばなりません。もはや純粋な主権なるものは存在せず、純粋な主権国民―国家というものも存在しないのです。したがって、新しい主権の分有が［制度として］設定され、技術＝経済的な力関係によ

●2　ボダン（Jean）（一五三〇—九六年）。政治思想家。『国家論』を著す。

●3　ホッブス（Thomas）（一五八八—一六七九年）。イギリスの哲学者、政治思想家。『リバイアサン』を著す。

り法律と主権がこのように刷新されるために、改めて世界を組織しなければなりません。繰り返しになりますが、この手順は民主主義を通して民衆の手によって進められます。自らを民主化する民衆の能力が必要とされるのです。各人が各人のいる場所で、各人がそれぞれに特有の文脈において、いわば民主主義を骨抜きにし、従属させてしまう強権主義的権力に対して異議を唱えながら民主主義を実現していく能力が必要とされるのです。あらゆる場所で……、私は単にアラブとイスラーム世界、あるいはアラブ・イスラーム世界だけについて話しているわけではありません。これはヨーロッパやアメリカや南米にも当てはまることなのですが、民衆はあらゆる場所でこの民主化を引き受ける必要があり、そうするためには、いかなる場合でも信仰や宗教を頭ごなしに否認しないやり方で、政治の非宗教化に乗り出す必要があります。私は政治の非宗教化が必然的に宗教を否認することにつながるとは思っていません。逆に、真の信仰者、もしこの言葉に意味があるとすればですが、本物の信仰者は政治と宗教の分離をいの一番に要求する者である、そうあるべきだと思うのです。なぜならそれが宗教の自由の条件でもあるからです。これは国家が宗教の自由を確保するための条件、宗教的共同体が自分たちの願いや望みにしたがって暮らす条件です。したがって私が思うに、私たちはこの点に留意しながら、先ほど述べた新しいヨーロッパ人の間で、それからアメリカ人の一部の間で（私は全てのアメリカ人を十把一絡げで扱いたくはありません。私がアメリカという時、それはブッシュのアメリカを指しています）、イギリス人の一部、アラブ、イスラーム、ベルベル、非キリスト教徒、非ユダヤ教徒市民の一部の間で新しい協調関係を構築しなければなりません。『マルクスの亡霊たち』の中で、私は新しい国際的な協調関係について話しました。それはマルクス主義的語彙で語られていた新しいインターナショナル（国際労働者同盟）のことではなくて、市民性や国家を超えたところで、つまり私たちが先ほど示した方向性で世界を変えていこうと望む、あらゆる人々を連合させる新しいインターナショナルです。こうした協調関係が生まれそうな兆しが現れてきています。それが反グローバリズムと呼ばれる運動で、それ自体は様々な異質な要素からなる運動ですが、世界各国の男性・女性が、政治や経済や宗教の領域にあって打倒すべき実践に対する闘いのために団結していく前兆、兆しが感じられます。私はこれらの新しい国際的協調を信じています。ただ、この運動はまださほど力をもっていません。生まれたばかりで異質な要素の寄せ集めにすぎないので、暗中模索の段階ではあるものの、それが実在していることを私は確信しています。それが未来を模索している兆しがあるのです。哲学者のカントはこう言っています。人間は失敗を介して、例えばフランス共和国という失敗（カントはフランス共和国に対しては賛意を表しましたが、恐怖政治の時期にそれが失敗であったとみなしたのです）、立派で貴いものでありえた試みの失敗を介してさえ、「記念となる」あるいは「前触れとなる」兆し、「未来の予測となる」前兆を感じることがある、進歩が可能で改善可能性が十分予測できる前兆を感じることがある、と。ところで、今日のあらゆる反グローバリズム運動、つまり、経済的な暴力、テロリストの暴力、国家の暴力、帝国や帝国主義のあらゆる覇権《ヘゲモニー》に対抗して大勢の男・女を結集させている運動の中に、模索を続けながらも新たな協調が生まれる前兆が見られるように思います。そこで、現在の私の願いは、ヨーロッパの人々やアメリカ人だけでなく、アルジェリア人、チュニジア人、モロッコ人（つまり全てのアラブ・イスラーム諸国、イスラーム諸国のイスラーム教徒たち）がこの同盟に参加することなのです。もちろん誰もができることではありませんし、各人は一人のアルジェリア人として、一人のモロッコ人として、あるいはイラク人、サウジアラビア人としてというように、それぞれ個別の状況に応じてのみそのような行動をとるべきでしょう。一人のフランス人は一人のアルジェリア人と同じようにはできませんし、一人のモロッコ人と同じようにも行動できません。各人がその個別の状況に応じて自らの責任をとるべきなのです。民主主義……、先ほどあなたはいかにして歩み寄り、閉じこもらないようにするのか、と問われましたが、民主主義のイニシアティブをとる必要があります。それは輸入されたり輸出されたりするような代物《しろもの》ではありませんし、突如としてパラシュートで投下させられるような何かでもないのです。イラクに力づくで民主主義を押し付けてはいけません。そもそも、今後何が生じうるのかははっきりしています。つまり時間が経てば、また別の宗教的権力者が民主主義なるものを引き受け、今度はその権力者が民主主義を奪い取って我が物にし、最初に期待されていた結果とは全く逆の結果に導かれてしまう危険性がある、ということです。一例を挙げますと、［かつてのアルジェリアにおいて］民主主義がイスラーム主義運動によって奪取されるという、これと同種の危険をともなった時期のことが思い出されます。あの時は、アルジェリアにおいて選挙が中断されなければならない事態に陥りましたね。ここであの事件を解読しようとは思いませんし、その時間もありませんが、これは十分に綿密な分析に値する出来事と言えるでしょう。もし選挙が行なわれれば民主主義の敵が権力を奪取することになるだろう、という事実（あるいは口実）のために選挙は中断されたのです。そこに、負わなければならない非常に重い責任がありました。まさに民主主義の敵が民主主義の名において民主主義を奪い取ってしまうことが時として起こるのですが、このような状況に直面する場合、その個別の事態それぞれにおいて担うべき責任は違うものになり、非常に想像しにくい厄介なものとなるでしょう。人々はそれ以後どうなるかわからない状況で責任を負うわけです。仮に何をすべきかが分かっていて、単に知識にしたがって行動を決めることができるならば、責任なるものはありえないでしょう。何をすべきかについて分かっているならばその通りに行動すればいいだけですが、責任や決断については事情が違うのです。責任や決断は、言うなれば真っ暗で右も左も分からない暗闇の中で背負われるものなのです。だからといって無知や非-知、あるいは反啓蒙主義を促す必要があると言いたいわけではありません。もちろん知らねばなりません。なるべく多くの知識を、できるかぎり批判的な認識を蓄積してゆく必要はあるのです。科学中心主義ではなく科学に対してなるべく肯定的である必要はありますが、何かを決断する瞬間、何らかの責任を負う瞬間、何かにたいして開かれる瞬間は、知識によって導かれるわけではないことも知っておかねばなりません。これこそが、自分が居る場所で、自分をとりかこむ個別的な状況において各人が踏み切ってみる跳躍なのです。そう考えると、知と責任のあいだには深いふかい溝があるわけです。であればこそ次の点は押さえておかねばなりません。知識は必要です。科学を育成することも必要です。ただ、科学だけでは不十分なのです。今日もっとも暴力的な運動、テロリズムと呼ばれる運動が、科学技術に依拠する近代性《モダニティ》から切っても切り離せないケースが多いことは周知の事実です。知は民主主義を保証しませんし、道徳的責任も正義も保証しません。ゆえに、その点は押さえておくべきなのです。いかなる場合でも知を放棄してはなりませんし、批判的意識を放棄してはならないのですが、前述のような信仰の瞬間もまた存在しますし、跳躍さえもなされうるのです。先ほど私がお話ししましたあの新しい協調に向けた歩み寄りの跳躍が……。」

第7章

進歩は完全である一方で不完全でもある

Mustapha Chérif & Jacques Derrida

デリダが語った協調についてですが、これは私自身も、進歩を様々な特殊性と整合性に気を配りながら調和させるために、つねづね気にかけてきたテーマでした。彼がこのテーマに触れたまさにその瞬間、私は真正性《オータンティシテ》と進歩の関係という鍵となる問題を採り上げることにしました。

文化的な意味において、アイデンティティは決して硬直化しない、ということは周知の事実です。アイデンティティとは、時代との関係、空間との関係、諸価値との関係が表現されたものなのです。これは私見にすぎませんが、私たちイスラーム教徒は永続する《ペレンヌ》価値とでも言いうるものを進展する《エヴォリュティフ》価値と調和させる、つまり、真正性を近代性《モダニティ》と調和させることに他者よりも心を砕いていると思います。これが私たちの気にかけている点であり、私たちの挑戦なのです。霊的な諸価値とともに批判的理性をはたらかせることにより、他者との関係、世界との関係、記憶との関係、あるいは生と死の変転の意味に開かれた目印を私たちは守ることができるにちがいありません。私たちにはなすべきことがまだたくさん残っていて、たどるべき道は長いのです。

しかしながら、例えばアルジェリアは戦略地政学上、交流を推し進めるのに有利な位置にあるだけでなく、自主独立を守るために犠牲を払い続けた国でもあります。しかもアラブ・イスラーム国家であると同時に地中海諸国の一員、すでに多くの禁忌《タブー》から脱却した国ですから、切に望まれている近代性と真正性の総合を実現する力をもっています。今日私たちは、源泉、つまり私たちの歴史遺産や文明遺産にまつわる、ある一定数の目印を不安定化させないよう十分注意を払いながら、自分たちの地中海性や国際性を引き受けることを望んでいます。いかなる文明もいかなる社会も、自給自足体制や閉鎖的な状況下で生き続けることは不可能ですから、私たちが拠ってたつ文化は、異なる他者を受け入れて敬意を払うことをただ単に許可するだけでなく、それを強く要求しているのです。まさにこの理由によってこそ、私たちは歓待や交流や、交渉や討論会といった活動をきわめて大切にしているのです。それまで知らなかった他者の信念を見出したり、私たちが立てた計画の信頼性を確かめたりするのは対話を通してです。近代性であれ真正性であれ、最初から与えられているものは何もありません。近代性と真正性、単一性と多元性、現代科学の有効性と道徳的価値、まさにこれらの関係こそが社会を構築しているのです。

確かに意味と論理を結びつけて、その両者を調和させることは難しいと思います。それは重々承知の上で私たちはその難業にこだわりたいのです。倫理や諸価値、あるいは職業倫理を失わないままでいる可能性を放棄したくないのです。なぜかというと、私たちにとって、自由と意味と正義は密接に結びついているからです。また、ジャック・デリダが指摘するように、文化や生活様式の多元性や多様性というものは、しっかり保護され、それらが生き生きとしたままで保たれるに値することを私たちは深く信じているのです。「進歩は完全である一方で不完全でもある」ということを私たちは信じています。イスラームは人間のことをひとつの全体性として見ていて、イスラーム自身とはこの全体性をめざす総体的アプローチとして考えています。もちろん理論的な面において、どのような体系や教義でも落ち込みかねない全体主義に陥らないよう、十分に気を配りながらのアプローチではあります。

　イスラームはバランスのとれた世界、すなわち人間性を失わず、より公平で道理をわきまえた世界の探求に貢献することができます。イスラームは、進歩という体裁の下で宗教を副次化してしまうことを拒む世界です。イスラームはまた、宗教と政治の混同に反対していますが両者を見失うことはないので、結果として現代の生活が「いかなるものも宗教的ではない」、「いかなるものも政治的ではない」、「あらゆるものは商品である」という考え方に裏打ちされた生活に変わってしまうことがないのです。イスラームは、確実だとみなされているものをあえて乱しうるパートナー、そしてまた、新たな普遍性の構築にも貢献しうる、特定の型に収まらない特異で独創的なパートナーなのです。

とはいえイスラーム教徒自身も、現代における変化のスピードがエスカレートしている様を直視して、自らの内的な革命に着手する必要があります。たしかに私たちの祖先は世界の歴史を動かしました。そして、自分たちが理性と自然を愛する存在であり宗教的な存在である責任を、これらの相異なる次元を対立させずに生活の中で引き受けていました。一方現代のイスラーム教徒は、現代の変化の観察者あるいはやや消極的かもしれないが少なくとも当事者なのですから、その生活は私たちの祖先の時代とは全く異なっています。今日、技術と厳密科学を統合し、それを前面に押し出すことによりその惨状が少しはましになってきましたが、私たちはこの凋落状態のままで満足しつづけることはできません。このような状況に陥ってしまった原因は近代化主義にあるのであって、真の近代性にあるわけではありません。真正というものが導くのは世界性［国際性］や複数の文化が互いに関係し合っている状態であり、私たちがとる道として望ましいのはそのようなものです。他者との対話によって新たな普遍に到達することができるかもしれませんが、単独でそれをなしとげることはほぼ不可能です。どのようなケースを取ってみても、現代のイスラーム教徒は、近代性に対応するために（逆説的に言って、近代性が浸透したにもかかわらず）、また別の種類の自己を確立しようと自問し始めています。もはや、変化のない自己の反復や、他者の模倣を繰り返すだけでは満足できないのです。

私はデリダにこう質問しました。「世界が統一されるべきものだとしても、異なる意見をもつ権利、異なる生活をする権利に眉をひそめる者たちの意見とは逆に、世界は多元的であるべきであり、複数のやり方にしたがって体験されるべきだと思います。この点を十分に意識したうえで、あなたは来たるべき文明が多元的であるとはお考えになりませんか？　あるいはそうではないとお考えでしょうか？」

デリダはためらわずにこう答えます。

「私は多元性が文明の本質そのものであると思います。多元性といっても私は他者性という意味で使っていますが、差異の原理、他者性への敬意、これらは文明の根源と言えます。だから私は、均質で普遍的な文明というものは想像できません。そのようなものは文明の対極に位置するものでしょう。例えば今日よく知られているように、相当数の言語が日一日と消滅しています。正確な数字は覚えていませんが、今まさに何百もの言語・固有言語《イディオム》が消え去りつづけ、ぞっとするような言語的覇権が地球を占拠しようとしていて、それが文明の対極にある現象であるということは分かっています。一つの文明は多元的であらねばなりませんし、諸々の文化や言語、信仰、生活様式の多様性への敬意を十分に尊重させなければなりません。そして、まさにこの多元性においてこそ、この他者性においてこそ、解決方法とまでは言いませんが未来につながるチャンスを私たちが手にする可能性があるのです、そう、多様性や多元性においてなのです。とはいえ、この多様性・多元性に敬意をはらうことは、固有言語《イディオム》をマスターする必要があるので実に難しいのです。ここで私が固有言語と呼ぶものは、他者の言語がもつ特異性、すなわち他者のポエジーのことです。他者の固有言語がなければポエジーも歩み寄りもありません。各人の固有言語、いわゆる国家レベルの特有語だけではなくて、各人の固有言語も尊重しなければなりません。それは話し方も、存在の仕方や署名の仕方なども含まれます。同時にコミュニケーションの仕方、翻訳の仕方などもそうでしょう。したがって、翻訳［通訳］の必要がでてきます。翻訳という仕事は固有言語の尊重と全く相容れないわけではありません。たしかに固有言語は原則的に翻訳不可能なものです。けれども翻訳不可能なものだけが翻訳を必要としています。あなたがお話になられたあの多元的な文明のためには、特異な固有言語の教養と、翻訳可能性つまり普遍化が必要となるわけです。この両者を同時に手にするのは生易しいことではなく、時にはまったく不可能な場合もあるのですが、それがあなたがお話になられた普遍的文明の成立条件なのです。現代世界ほどそれらの争点が深刻化した時代はいまだかってありませんでした。これらは新しい争点であり、〈普遍《ユニヴァーサル》〉が意味しうるもの、そうでありうるものについての新しい考察が必要となります。私は、ある特定の概念の歴史だけではなく、批評概念の歴史や思想の疑問形式についても批判的問いかけができる、自らの権利を行使したいと思います。いかなるものもこれらの問題提起を免れたままではいられません。たとえ普遍の古典的な文彩であっても伝統的な批評の観念であってもです。批評や脱構築や思想のはたらきが複数形で語られる、つまり様々な言語・文化、個別の性質などの多様性を踏まえながらなされるのは当然のことなのです。」

このように、私の関心事にかかわるデリダ哲学の核心が語られました。つまり「私の祖国アルジェリアという」異国を発信源とする思想活動は可能である、ということです。数多くの悪意ある人々はそれを忘れたふりをしますが、この明白な事実は私にとって最も重要なことと思えます。非イスラーム教徒に限らずイスラーム教徒であっても、いかなる者も普遍《ユニヴァーサル》を独占できない、ということを想い返すことが最も重要です。したがって、共有することになる普遍を見出すために共に尽力することが今日残された課題だと思います。

私たちの対談が始まってからすでに一時間半以上が経過していました。デリダのご好意にこれ以上甘えたくはなかったので、私の見解を要約してから閉会することにしました。以下のようなまとめとなりました。

さて、私たちのうちに非常に欠けている普遍的な文明を共に探し求めていくことは緊急の課題です。今日、驚くべき進歩にもかかわらず文明は存在していません。アブラハムにまでさかのぼる古い価値体系と、民主主義の価値体系が、揃いも揃って次第に影響力を失ってきています。不平等と非人間化が深刻化していく危険性は現代の特徴のひとつです。道徳、倫理、精神的価値、これらは意味をもたなくなってしまいました。ここまで私たちが強調してきたように、地中海南海岸の市民は、北海岸の隣人が自己批判の形式で、まずは政治的・宗教的過激主義はたとえイスラームの名において語っていたとしてもイスラームではない、ということを理解してほしいと願っています。あれは詐称でしかありません。ああいった憎むべき行為による最大の犠牲者はイスラーム教徒自身なのですから……。

第一に、我が国アルジェリアにおいてはイスラーム主義とイスラームが混同されたりはせず、ましてテロリズムとイスラームが混同されることもなかったおかげで先述した混同は克服され、皆その違いを心得ています。それに周知のように往時の反植民地闘争では、植民国家とキリスト教が混同されることもありませんでした。次に、いくつかの威圧的なアラブ政体は、なるほど全てが等質とはいえず、いくつかの政体にあっては自己改革の努力も見受けられるものの、国民の大多数が普遍的で民主主義的な価値を希求している社会とは言えません。よって外国の干渉ではなく、国内における交渉によって変革を促していく仕事がまだ残っています。イスラームが準拠するものに照らし合わせても、いかなるものも存在の基盤としての自由に反対するものはないのです。三番目は〈近代主義的〉と言われる潮流についてですが、たしかにこの潮流は復古的な勢力に対して異を唱えています。にもかかわらず、彼らが自らの起源を失わずに現代性や真正性や進歩を追い求める民衆を代表しているわけではありません。

　重要なのは変革を引き受けることです。しかもそうするためには〈西洋を通ら〉ずにです。いわば危機にある規範《モデル》である西洋は、自己責任を果たしませんでした。ある種の意味の表出ともいえる意味の後退への対処の仕方だけでなく、ある展望が消え去っていくことへの対処の仕方、それから、西洋が呼び起こし、一方的に宣言し体系化した観方である〈神の不在〉または〈宗教の死〉への対処の仕方を私たちに教えることができなかったのです。その反動で、私たちは国内において以下に述べる事態に直面する破目になっています。第一に、強者の不正行為や暴力行為、意味の喪失などに対抗するという口実のもとに、閉鎖的な政策をおこなっている政治・宗教的イデオロギー。第二に、高い地位にありながらも、情勢の不安定化を危惧して、あるいは飽くことなき権力への欲望から建て前だけの民主主義の存続にかかりたてられている政体。三番目は、一般大衆からは切り離され、解放という体裁のもとで、抑制のきかなくなった西洋化と野蛮な自由主義の誘惑に身をゆだねている〈近代主義者〉たちです。

対外的な面についていうと、テクノロジーの覇権、［国際］市場の要請、相互理解の後退などにより醸成された一部西洋人の支配意志とエゴのせいで、私たちはいくつかのハンディキャップを背負っています。一つには、私たち独自の価値体系が変形してしまっていること。二つ目は、場合によってやり方を変える風見鶏的な政治。それから、北海岸の人々が真の対話に取り組まず本当の交渉の実施を拒否している、もしくは逡巡していること。最後に、周知のように南向けの援助が不足していること、などです。事実、権利の後退を大きな特徴とする世界的混乱はあらゆる民族に関わってくるようになっています。これは国際法の危機なのです。

もう一人のフランス＝アルジェリア人、ジャック・ベルクは、「南北両岸の渡し守」という表現をつかっていましたが、あなた［デリダ］のようにブレが少ない仲間の助けを借りて、私たちの隣人である北海岸の人々と恨みつらみなしで対話できるならば、様々な問題にも客観的に取り組めるでしょう。したがって、非宗教化と来たるべき民主主義を目指して、自由と正義と意味を熱望する人間は、時流に逆行する闘いの罠に落ち込んでしまうのではなく、世界との新たな関係を再検討する責務を負っています。単独ではそれに真っ向から取り組むことはできないし、抑圧され、支配され、都市生活とは無縁の生活を強いられたままであっては、失望している人々に言い聞かせることはできません。私たちは一蓮托生で、あなたは私たちの仲間、貴重な仲間なのです。近代性《モダニティ》の潮流と私たちの伝統の潮流は一方向主義《ユニラテラリスム》によってではなく、特異性と普遍性の間に改めて築かれる連関の正しい理解にもとづく、足並みが揃った行動によってしかその誤りを正すことはできません。私は感謝の気持ちを込めてデリダの方に向き直り、彼にこう述べました。

「辛抱強く私たちの話に耳を傾けていただいてありがとうございます。ならびに、私たちに多くのことを語り、教え、託していただき、私たちアルジェリア人に対して言葉をかけていただいて本当にありがとうございます。私たちはあなたにとってみれば縁遠い者たちでもあることでしょう。なぜなら本質的に、神秘や生活や世界や来世にまつわる宗教的な意味を大切にしているからです。一方で非常に近しい者でもあることでしょう。なぜならそれと同時に、非宗教性、自由、そして他者を他者と認めた上でもてなす態度なども大事にしているからです。」

それから私はこう付け加えました。

「教授、あなたが来てくれたおかげで本当に励まされました。この対談を終えるにあたり、会場の皆さんに対する最後の言葉、シンポジウム閉会の言葉を代表してお願いいたします。」

感動した面持ちでデリダは私に答えました。

「ありがとうございます。私の方からも、あなたのお仕事、この討論に参加させていただいたことに対し、感謝の気持ちを伝えたいと思います。あなたは〈アルジェリア人同士〉と言われましたが、私たちがこうして一堂に会している事実を想うと、非常に胸があつくなります。今なお自分のうちに残っているアルジェリア的なもの、私の中にそのままの状態で保たれているアルジェリア的なものを私は大切にしています。」

結論

私たちの生活には異なる他者が不可欠である

Mustapha Chérif & Jacques Derrida

続いて私は、これが記念すべき対談として人々の心に残るように、慎重に言葉を選び、はっきりとした口調で閉会の辞を述べました。こうして忘れることができないこの対談は終了しました。対談は終わっても、正義と意味と平和を熱望する人々をつなぐ絆は無限に続きます。この上なく貴重なこの絆が、ジャック・デリダ教授が私たちに話してくださったように、他者へ言葉をかけることによって維持されるためには、私たちの各人が努力しなければなりません。私たちができるかぎり「歩み寄り」を選択することにかかっているのです。私たちの偉大な友人にして同胞のジャック・デリダに対し、彼の深い考察に裏打ちされた言葉、非常に人間的な彼の言葉、連帯を感じさせる彼の存在感に対し、私たちは感謝します。それから、このシンポジウムに参加していただいた皆さん、どうもありがとう。アルジェリアの民衆は、植民地主義の貪欲な支配への回答としての解放闘争にはじまり、国境などものともしない新たなおぞましい暴力的テロリズムに対する闘争にいたるまで、加えて地震その他の自然災害などのあらゆる試練、いわば象徴的かつ物質的な〈地震〉にみまわれてきたわけですが、過去から現在にいたるまで、このアルジェリアの民に同情してくれた皆さん、今もなお同情してくれている皆さん、どうもありがとう。

団結したアルジェリアの民はそのことを忘れないでしょう。アルジェリアの民は過去に例を見ないほどフランス民衆と、多元的なフランス国家との友情を大切にしています。これは、私たちの歴史を冷静に記憶し、それを乗り越える時期がきているということをはっきりと示しています。まず、私たち南海岸の住人にとっては、歴史的事実を忘れることなく、同時に赦すことが重要となっています。北海岸の人々にとっては、忘れたふりをすることは止めて、認めがたい暴力が行なわれたことを認めることが重要となるでしょう。二つ目に、未来志向で戦略的な対話の手法を採用することが大事です。三つ目は、多くの場合、多元的な説明こそが正しい道であることを理解することです。これらの点が、アルジェリアとフランスの関係を改めて確立しなおすためのアプローチの中核となります。私たちはフランスとの間に、相互の利益を大事にする並外れた関係を築くことを望んでいます、いや渇望してさえいるのです。私たちは諸世界、両海岸、諸大陸、諸文明間の関係の模範となるべき二つの民族です。不安定で不公平なグローバリゼーションという状況においては、一貫性のある社会政策を提起するのは容易なことではありません。それでもなお、世界が意味の危機に苦しんでいる中で、もちろん数多くの失望を味わってきましたが、まず一方でアルジェリアとフランスの対話と友情、他方でマグリブ地域とヨーロッパの対話と友情というものは、見通しとしては希望がもてるものと考えられています。しかも、この対話とこの友情に対して、いかなる者も異を唱えることはできないでしょう。様々な差異、不均質、敵対関係が残されているにせよ、それが東洋と西洋の間の対話と友情を体現していると言えるでしょう。

沈黙の代わりに発言を重視し、他者の排斥や、密かにあるいは公然と繰り広げられる暴力の代わりに熟考や討論を重視することを厭わないならば、私たちは、例外なくあらゆる民族を脅かしている植民地化や支配、あるいは脱人格化の今までにない形式に対して抵抗する力をもっています。対話や、率直ではありますが平和的・友好的な言葉、これが私たちの選択であり、私たちの前途なのです。事実、アルジェリア戦争中、民衆を暴力で抑圧したかつての植民地支配者の悪行により命を落とした人々のおかげで、抵抗とは一つの正当な言語であり、残された唯一の道であり、歴史的拘束に対抗する形でとられた対案である、ということが証明されました。脱植民地化への挑戦はこのように光と影の両面をみせながら続けられたのです。今日重要なのが、私たちの北海岸の友人、その他のパートナーとの対話・交渉・協力を進めながら、開かれた世界性、一貫性をそなえた公平な秩序の実現に挑むことであることは周知の事実です。いかなる国も、いかなる宗教も、いかなる文化も世界との新たな関係という展望を、単独で開くことはできません。適切な方向性とは、まさに多元的な世界、公平で多元的な世界が活力をもったままにさせておくことです。この方向性に沿って活動してゆけば、まちがいなく、未来の世代のための生きた良心を練り上げることにつながるでしょう。地理的そして歴史的に考えて近い関係にあるアルジェリアとフランスが、延々と続いた激しい諍《いさか》いを超えて、歩み寄り・交流・友好の良い模範を示し、地中海周辺に共同の人間的な空間、現代には非常に不足しているかつてのアンダルス［アンダルシア［●1］］のような場所を構築できないならば、そのような空間は他の誰にもつくりだせないでしょう。

私たちのシンポジウム「アルジェリア＝フランス、文明の対話に尽力した重要人物たちへのオマージュ」は終了しますが、私たちにとってはつねに未完成の責務、将来のための責務は引き続き担ってゆかねばなりません。つまり自分たちの起源に忠実なままで、かつ他者に敬意を払い、時代にも歩調を合わせながら共に生きることをじっくり考え、分析し、追い求めていくという責務です。当代きっての思想家の一人、ジャック・デリダに出席をお願いして私たちがこれまで聞

●1　スペイン南部、シエラ＝モレナ山脈以南の地方。長くムーア人の支配にあったためイスラーム文化の影響が強い。中心都市セビーリャ。

いてきたことが、その責務へと私たちを促し、私たちを誘《いざな》い、依然として闇に包まれたままである驚くべきこの時代に挑《いど》んでいく気にさせるのです。私たちの民族は、幻想や、理性の欠如や絶望などではなく、理性と信仰と希望によって奮い立たせられることを期待しています。

さて、私はこの討論が、教育のレベルを問わず各種学校・大学で利用されて、宗教・文化・文明の科学的研究を総合し、多文化性・批判精神・他者への歩み寄りなどを引き受ける術を学ぶことへとつながってゆけば良いと考えています。私たちの出発点、私たちの共通点とは、クルアーンの中で実に四十五回以上も言及されている〈道理をわきまえた理性〉というものです。すなわち、第一に、最終目標をしっかりと見据え、普遍と歩み寄りを実現し、人間的な生活を送ること。要するに、真実の不在—現存（イスラーム教徒にとって、理性にもとづく存在）の試練に背を向けないことが重要なのです。意味が遠ざかっているというのは、私たちが存在（くどいようですが私たちイスラーム教徒にとっての、信仰にもとづく存在）の試練に直面しているということなのです。この〈不在であると同時に現存している〉者こそが神と呼ばれ、〈神〉はいかなるものにも似ず、誰にも依存せず、ただ〈神〉のみが傑出しているのです。第二に、内外を問わずいたるところで私たちを狙っている数多《あまた》の脅威のみならず、あらゆる過激主義者や強者優位の法がもたらす脅威に対し、団結して、分別をもって、客観的に対処することが重要となってきます。第三に、私たちの行動、関係、計画において正義と法律が何を優先させているかにつねに気を配ることです。諸々の問題は政治的なものなので、正義なくして、法なくしては平和も未来もないのです。私たちに必要なのはこれらの概念を理解するために団結して共に活動すること、そして平和的・政治的解決策を大まかに描くことです。

これは私たちイスラーム教徒にとって、クルアーンにも含まれ、イスラームの歴史にも記されている、新しい世代が要求している自由と責任、あるいは普遍的責任へといざなうさまざまな潜在性・可能性について整理し直すことをも意味します。アベロエス［●2］からルソーへ、ヘーゲルからデリダへと受け渡されてきた思想が私たちの時代にあっても明白なやり方で教えてくれているように、それは、批評の権利に基づいた、つねに未来へと先送りされる民主主義です。自分たちの魂を失わずに自由、近代性《モダニティ》、進歩を手に入れること。なぜかというと、アブラハムの末裔である私たちにとって〈神秘〉との関わりは日常生活の基盤の一つ、本質的な次元の一つであるからです。論理の問題と意味の問題を有機的に結びつけることこそを私たちは最も気にかけているのです。たとえそれが様々に異なるやり方で提示されようと、これは西洋をはじめとする万人

●2　アベロエス、イブン・ルシュド（一一二六―九八年）スペイン生まれのアラビアの哲学者、医者。アリストテレス哲学の注釈で西ヨーロッパ・ラテン世界に大きな影響を与えた。

に共通する問題です。西洋は近代性の原動力であり、〈理性〉を［善悪などを考えずに］無条件に実行することによって桁外れの飛躍をなしとげてきました。その中から資本主義と無神論の一種の共謀、そして逆説的ではありますが、それらと原理主義の共謀の結果として、あの不気味な潮流のいくつかが生まれ出てしまったのです。

サラーフッディーン［●3］、アブド・エル＝カデル総督［●4］、アッシジの聖フランチェスコ、レーモン・リュルなどの歴史的な重要人物、それから、ルイ・マスィニョン、ジャック・ベルクらのように南北両岸において歩み寄りにこだわり、それぞれがそれぞれの対岸に対して働きかけを続けた現代の知識人たち、また他にもムーニエ［●5］からブランショ［●6］、ターハー・フサイン［●7］からエドワード・サイード［●8］、ルネ・シャール［●9］からマホムド・デルヴィシ

●3 サラーフッディーン・アイユーブ（一一三七／三八―一一九三年）イスラームの将軍、君主。
●4 アブド・アルカーディル（一八〇八―八三年）。フランスの植民地政策に対して武力抵抗運動を組織した。
●5 ムーニエ（Emmanuel）（一九〇五―五〇年）哲学者。キリスト教的人格主義を唱え、『エスプリ』誌を創刊した。
●6 ブランショ（Maurice）（一九〇七―二〇〇三年）フランスの批評家、作家。
●7 ターハー・フサイン（一八八九―一九七三年）盲目の碩学として知られたエジプトの作家、文学批評家。
●8 サイード（Edward）（一九三五―二〇〇三年）パレスティナ系アメリカ人の文学研究者、文学批評家。
●9 シャール（René）（一九〇七―八八年）詩人。シュルレアリスム運動に参加。第二次大戦中はレジスタンスの闘士として活躍。

ュまで様々な分野にわたる文化人・思想家たちの生涯と諸作品が、ジャック・デリダのような哲学者の思想が、そしてアンドレ・マンドゥーズ〔●10〕のような戦闘的知識人たちの例が、アンドレ・ミケル〔●11〕の学識豊かな著作が、篤信家・敬虔な信者の声や庶民・貧窮者たちを支える名も無き人々の声が南北両岸に暮らす民族の精神を照らし出しつづけてくれることを願っています。ポール・リクール〔●12〕がこのシンポジウムに際して書いてくれたように、私たちが自らのうちに種子として運んでいる人間性や真・善・美の観念がその活力を失わないよう、自他双方に築かれうる「偏見の壁をうがつ」ことこそが、私たちの仕事の目的であり続けてほしいと思います。

　運命の歯車が私たちのところで止まってしまわないように。世界性《モンディアリテ》の車輪に私たちの差異が打ち砕かれてしまわないように。私たちから多くのことが徴用された歴史が忘却されたままで終わらないように。このような願いは、異なる他者は私たちの生活に不可欠であるという共通認識を介して実現します。クルアーンにはこう記されています。「もし神がそれを望んだならば、汝らをただ一つの共同体にしたであろう。神は汝らに差異を与えることによって汝らを試すことを

●10　マンドゥーズ（André）（一九一六―二〇〇六年）フランスの反ファシズム、反植民地主義のカトリック大学人、ジャーナリスト。
●11　ミケル（André）（一九二九―年）フランス人小説家、詩人。
●12　リクール（Paul）（一九一三年―）哲学者。

望んだのである[●13]。」

●13　第V章、第四八節。牧野信也『創造と終末』、新泉社、一九七二年、一二二頁参照。

対談後記

南海岸からのアデュー、ジャック・デリダへ［○1］

Mustapha Chérif & Jacques Derrida

○1　これはデリダへの惜別のテクストである。二〇〇四年十一月二十一日、パリで〈ジャック・デリダ〉を追悼する雰囲気の中で開かれた、国際哲学コレージュ主催の世界会議のときに発表されたテクストである。ここに私を招待してくれたジャン＝リュック・ナンシーとブリュノ・クレマンへの謝意を表しておきたい。アルジェリア人である私が出席して何をなし得たかというと、我々の同胞、我々の理解者、我々の模範的な友人である〈ジャック〉への深い敬意を証言し、それを強調することだけであった。

ムスタファ・シェリフ

デリダ夫人、親愛なる友人の皆さん、私は皆さんの前で、南海岸の諸民族とともに私たちアルジェリア人を襲った深い悲しみを証言するために、アルジェから、私が住んでいるエル＝ビアールからやって来ました。私たちの同胞であるジャック・デリダは当代きっての偉大な思想家の一人というだけではなく、私たちの理解者でもありました。彼は非人間化と抑圧に抵抗する全ての人々にとって、評価を絶する支持者として後世に名を残すことでしょう。デリダは生命の意味について、アブラハムの導きに近いと同時に異なってもいる方向性を私たちに残してくれました。非常に近いというのは、デリダは、もてなし［歓待性］、崇高なもてなし、他者を受け入れること、全く異なる他者を受け入れることを人生の中心に据えていたからです。他方、異なるというのは、デリダにとって理性と思考の行使は、たとえいかなるものも前もって与えられておらず、途方に暮れてしまう危険が残されたままであるとしても、ひとつのきっかけで歴史的な事件がおこる時のように無条件でおこなわれねばならないからです。以前デリダに、生まれ故郷へ巡礼の旅にもどって、けっして対立するものではない、私たちの近接性と差異について話してほしい、とお願いをして、実は快諾していただいたのですが、今となってはもはやそれも適わぬ望みとなってしまいました。

彼はセム族の出でした。彼は哲学者でした。彼は私たちに思想を教えてくれました。一人の師父でありました。これ以後は永遠に不在の現前／現存する不在者であり続けるデリダから、世界の政治・宗教問題にいかに対峙するかを改めて学ぶ必要がかつてないほどに出てくることでしょう。先行き不透明な時代に生きる私たちは、主体性や神話を過度に崇めたり、破れかぶれに突進したりせず、人間を疎外する日和見主義、あるいは逆に閉じこもった末に死へ向かう態度に陥らないよう十分気をつけるために、道理をわきまえた理性をなんとしてでも見出す必要があります。私たちイスラーム教徒の知識人にとって、デリダの思想は、西洋との新しい出会いへの道を開くものです。デリダは、優しくも頑固に証言し続けた人物でした。デリダの言葉を引いておきます。

「私が話しているのは、完全に異質な要素からできた世界のことである〔○2〕。」

私たちが地中海の対岸からこの卓越した思想家にオマージュを送るには、彼が自らの南海岸起源に忠実であったことを想起することから始めねばなりません。二〇〇三年五月、フランスにおけるアルジェリア年を記念して〈文明の対話〉をテーマとするシンポジウムが催されました。その閉会式を兼ねたイスラームと西洋の関係についての討論に、デリダに来ていただけないかと打診したところ、彼はすぐさま参加に前向きな返事をくれたのです。

対談の当日のことでした。時宜悪く、デリダはメディカルチェックの結果を手に、病院から直接会場に到着したのです。彼は私にこう言ってくれました。「これがまた別の集まりだったら、参加しようという気力など出なかったでしょう。」彼がその日に来てくれたことこそが、実にすばらしい連帯のしるしであり、友好を示す非常に気高い振る舞いとなったのです。しかもデリダは、彼個人に深いショックを与えたはずのメディカルチェックのことはあたかも忘れてしまった様子で、シンポジウムの三日前に大地震に見舞われたアルジェリアに対して、心からの深い同情を示してくださいました。こうして私は、アラブ世界研究所において熱心に聴き入る聴衆を前に、一時間以上もの間、彼の精神の闊達さに感銘を受けながら、人間性に対する繊細さにあふれたこ

○2 「ラバトのジャック・デリダとの対話、固有言語《イディオム》、国籍、脱構築」、『カイエ・アンテルシーニュ』、カサブランカ、一九九八年。

の師と対談することができたのです。彼は何よりもまず自分がアルジェリア人であること、自分が生まれ故郷を去ったのは十九歳になってからだという点を繰り返し強調しました。また、第二次大戦という困難な時期に彼の家族を支え、励まし、守ってくれたのはむしろイスラーム教徒であったともはっきり言い切りました。

私たちはいくつかのデリケートなテーマについて、非常に率直に、他者に対する無限の敬意を込めて論じたのですが、それはデリダが非常に模範的なやり方で教えてくれた姿勢でした。お互いの相違点、つまり〈神秘〉の問題、来世との関係の問題、生と死の宗教的な意味といった問題について私たちは節度を保ちながら注意深く扱いました。デリダはいかなることにも譲ったりせず、信じられない強さを発揮しながら、公平で、正しく美しい生き方（そのような生き方が可能であるならばですが……）をいかに学ぶかについて論じてゆきました。デリダにとってさらに重要であったのは、生命を敬うことによって、「相手に反応する敵対行動や、その意思表示がエスカレートしながら際限なく続けられること〔●1〕」へ脱線してしまうような、宗教理解の一つのあり方を超克するよう私たちを促すことでした。

●1　ジャック・デリダ『信仰と知』、スィユ、ポワン・エッセー、二〇〇一年、十頁。〔『信仰と知——たんなる理性の限界内における「宗教」の二源泉』、松葉祥一、榊原達哉訳、『批評空間』、第Ⅱ期第十一号、太田出版、九〇頁。〕

この世の中では、まず強者優位の理論、次に、弱者と強者双方の手によるテロの増加やグローバリゼーションによって最低水準が均等に押し付けられること、第三に〈死ぬに任せる［死んでいくままで放置する］こと〉が均等に押し付けられることが日常化しています。そのような瞬間に、現代を代表する思想家の一人がたどってきた道が途切れてしまったことは、大きな痛みをともなう試練と言えます。私たちは、近代性を担い、近代性が生み出すリスクを超克するのになくてはならない偉大な仲間の一人を失ってしまったのです。

十年前には、地中海南北両岸の渡し守であったジャック・ベルクの死がありました。ベルクほど知名度は高くありませんが、ベルクの同志で、思想の領域では実に決定的な貢献をしたジェラール・グラネルが四年前に亡くなったことも忘れられません。そして今日、デリダの死去は、打算的な論理や猛烈な勢いで広がる憎悪に身を任せることを拒む対話と批判的思想について、私たちにさらなる責任を負わせます。ジェラール・グラネル死去の際に、デリダはジャン＝リュック・ナンシーに次のように書いています。「もはやそこにいない者と分かち合う素晴らしき友情［……］彼は［……］そのように考えられる分かち合いを、何ぴとにも代わりができないやり方ですでに表現していた、あるいは表現している。そしてこれからも表現するだろう［〇3］。」デリダのこの言葉は、その人物が世を去ったことを悲しみ、その人物の思想に希望を見出している、地中海の南北両岸を結びつけているデリダ本人にも当てはまらないでしょうか？　デリダはこう断言しています。「もし人が他者からの呼び出しにいちいち異を唱えていたら、大事なことは何一つなされないだろう［○4］。」デリダはエマニュエル・レヴィナスの追悼書『アデュー――エマニュエル・レヴィナスへ』の中で次のように尋ねています。「その人の生きた姿を知っており、その人のものを読んだり再読したりし、またその声を聞いたこともある偉大な思想家が沈黙するとき、いったい何が生じるのでしょうか？　別様に思考することを助けてもらうばかりでなく、その人の署名のもとですでに読解済みと思っていたもの、そしてすべてを保蔵しているもの、さらには認知済みと思われるよりもはるかに多くのことを保蔵しているもの、そうしたものを読むことさえ助けてくれるはずだとばかりに、私たちはその人からなんらかの応答をなおも待ち望んでいたわけですが、そうした偉大な思想家が沈黙するとき、いったい何が生じるのでしょうか［●2］？」彼の返答は、思想が絶えず驚きを生み出すことへの呼びかけなのです。

　イスラームに関して、それから不当にもイスラームの名において活動を続けているいくつかの

○3　ジャック・デリダ、『グラネル、輝き、戦い、和解』、ベルリン、二〇〇一年、一三九頁。
○4　「ラバトのジャック・デリダとの対話、固有言語《イディオム》、国籍、脱構築」、前掲書。
●2　ジャック・デリダ『アデュー――エマニュエル・レヴィナスへ』、ガリレ、一九九七年、二一一―二一二頁（藤本一勇訳、岩波書店、二〇〇四年、一五頁）。

凶悪な潮流に関して、デリダは他の知識人とは対照的に明快な説明を加えています。「イスラームはイスラーム主義ではない。この点を決して忘れてはならない［●3］。」デリダは、そのような潮流が今日では宗教的狂信主義の外見をまとってはいるものの、その裏には、私たちには一目瞭然の政治的動機があることを等閑視してはならないことを心得ていました。デリダは、イスラーム世界における反逆や抵抗の文化が、単純に反動的で虚無的なものにすぎないわけではなく、たとえ盲目的な暴力が正当化できはしないとしても、そういった反逆や抵抗にはおそらく考慮しなければならない原因があるということを理解していたのです。

民主主義と覇権、それから世界の無秩序をあつかった晩年の著作の一つで、彼は次のように書いて私たちに呼びかけています。「［我々の］責務とは、なによりもまずイスラーム世界の中で、ある勢力と連携しそれを援助するために、あらゆる手段に訴えることであるだろう。それは、政治の非宗教化のためだけではなく……、クルアーンの遺産を以下のように解釈するために闘っている勢力である。その解釈とは、一見するだけでは、そしてクルアーンの名のもとでは新約や旧約聖書ほど鮮明とは言えない［改革の］潜在能力を、心［魂］と同じように優先させるものである。」この後でデリダは、イスラームは「非宗教化、したがって民主化の、したがって厳密な意

●3　ジャック・デリダ『信仰と知』、前掲書、一四頁。［前掲邦訳、九二頁］

味における政治化のヨーロッパ的過程（つまりギリシア・キリスト教的、世界ラテン化《モンディアラティニザトゥール》的過程）に、現在まで抵抗し続けている唯一の宗教文化」である、と言い添えています。

この警句を読んだ私たち［イスラーム教徒］は、自己批判によって何が正当で何が相対的に正当性を欠くのかを区別しながら、私たち自身の反逆の深い理由をこれまでになく追い求めざるをえません。だからこそ私たちは、イスラームの草創期の基準では自由のパラダイムが中心的であったことを証明しなければなりません。ある任意の文化に対して民主主義を承認することについて、デリダはこう書いています。「自明であると言えないのは、非ギリシア的または非ヨーロッパ的なあらゆる言語・文化に対して［……］この種の問題提起や使命を制度として確立することである。」しかし彼はこう付け加えます。「そのような制度は、ギリシアには固定的で単一な民主主義概念があることを前提としている。しかるに、我々はそんなものはまったく存在しないのではないかと疑っている最中なのである［……］。ここでも問題となっているのは概念なき概念である［○5］。」

この文章を読めば、自由の展望を私たちと共に追い求め、ジャック・デリダが私たち皆のために切り拓いた来たるべき民主主義という哲学的・政治的・人間的な計画を一緒に創りだすよう促

○5　ジャック・デリダ『ならずもの』、ガリレ、二〇〇三年、五四―五七頁。

されるはずです。一方でアラブ・イスラームの空間においては、この自由の基準は容認しがたい気がかりな矛盾や騒乱にぶつかることでしょうし、他方、諸外国の人々のうちには、啓示と責任にこだわりを見せるイスラーム教徒の独創性にまつわる討論をねじまげてしまう、無理解や偏見が存在することも事実です。

二〇〇四年の夏に私がデリダと最後に電話で話したときのことです。イスラームにおける他者との関係について書いた私の著書『イスラーム――寛容か不寛容か?』のことや、その本の中で私が、宗教を政治のための道具として利用することに異を唱えて、イスラームの精神的・宗教的に開かれた次元をなるべく強調しようと心がけたことなどを話すと、デリダから大よそ次のようなコメントをいただきました。他者との関係は、それに密接に結びついている自由の問題と全く同じように、理解しやすく説明しなければならない主要な問題ではありますが、それらの問題が存在の基礎となっているという点を考えれば、もっと複雑で重要な問題です、と。

私たちがデリダから教わったのは、批判的・客観的な思想、いわば〈脱構築《ディコンストラクション》〉は存在を対象としているがゆえに一言語や一文化以上に饒舌である、ということです。この哲学者にとって、自分の思想体験のそれぞれの瞬間が特異性の文彩《フィギュール》に結びついていたことは明白です。それは単にアルジェリアがデリダの愛した生まれ故郷であっただけではなく、彼が他者の特異性を深く認識していたからでもあるのです。感謝の気持ちを込めて、デリダの思想はイスラームの運命に関する私たちの省察の試みを前進させるのに貢献した、と述べておきたいと思います。今日この宗教は、論理と意味との間の断絶、非宗教的なものと精神的なものとの断絶について、他の宗教よりも心配しております。ベルクはこの断絶のことを「現代人の存在に穿たれた洞窟〔○6〕」と定義しています。

ジャック・デリダは、一つの国籍以上のものとして生きること、つまりフランス人として、アルジェリア人として、ユダヤ人や世界市民として真実と和解に気を配りつつ生きることを、寛容さと一貫性をもちながら頑なに守り続けました。例えば、レバノン人の女性が『マルクスの亡霊たち』をアラビア語訳したことに彼は感動していました。また、ある心配の種がデリダの心につきまとって離れませんでした。それは、「我々は自分以外の世界について十分に気遣ってこなかった、決して十分であったためしなどないではないか」という気持ちです。ジャック・デリダのことを忘れることはできません。

デリダは世界の縁《へり》にある二つの海岸の出身でした。その友人グラネルの主張に同意したデリダ

○6　J・ベルク、『国際化時代におけるイスラーム』、アクト・スュッド、二〇〇二年、二三九頁。

は、「死すべき運命の民族は二つだけではない。それはギリシア人、ユダヤ人、アラブ人の三つである」という事実を自家薬籠中のものにしていました。デリダという私たちに非常に近しいこの他者、この友人、仲間、（アラビア語のウンス）がこの世を去ってしまうことは、アルジェリアだけでなく全アラブ世界を本当に寂しがらせることでしょう。デリダはその独自の解釈の感覚によって、西洋と一緒に暮らすこと（ムアーシャラ［親交］）に生気を吹き込み、他者をあきらめないよう手を尽くしたのです。

訳者あとがき

Mustapha Chérif & Jacques Derrida

本書は、昨年末にフランスで出版された*L'Islam et l'Occident*（Odile Jacob, 2006）の全訳である。二〇〇三年五月二六・二七日、パリのアラブ世界研究所で「アルジェリア・フランス、文明の対話に尽力した重要人物へのオマージュ」というテーマで催されたシンポジウムの最後に行なわれた対談をベースとし、ムスタファ・シェリフのコメントが追加されたテクストである。M・シェリフはアルジェリアの哲学者、イスラーム学者であり、駐エジプト大使と高等教育相を歴任、「イスラーム・キリスト両教徒の友愛」グループの共同設立者でもある。なお、本書最後に付されている「編集後記」というテクストは、二〇〇四年十一月二一日、パリの国際哲学コレージュ主催・世界会議の折にM・シェリフが読み上げたものである。この時、彼を〈アルジェリア代表〉として呼んだのがジャン＝リュック・ナンシーであり、M・シェリフの主著『イスラーム――寛容か不寛容か？』の序文も彼が寄せている。この『イスラーム――寛容か不寛容か？』は、「ムハンマド風刺画論争」に続いて、キリスト教徒とイスラーム教徒の紛争の新たな火種となった「レーゲンスブルク発言」騒動を受けて、ローマ法王ベネディクト十六世がシェリフとの会談を要請するきっかけを作ることになる（後述）。

対談のメインとして招かれたジャック・デリダは、ごく最近のものだけをとってみても『哲学の余白』（上巻）や、デリダについての著作『デリダと歴史の終わり』（ステュアート・シム）、『ジャック・デリダ』（ニコラス・ロイル）などが出版され、あいかわらず幅広い読者層を維持している哲学者である（デリダの訳書を多く手がけている藤本一勇によると、デリダは「その初期、つまり一九六〇年代から七〇年代にかけて、哲学的伝統の「理論」的「脱構築」者として現われ、八〇年代からは、初期の理論的「基礎」の上に立って、「法」や「政治」や「倫理」や「正義」といった「実践」的「脱構築」の方へ展開した、とおおまかに言われている」（『デリダを読む』）。このあとがきを書いている最中にも、『来たるべきデリダ——連続講演「追悼デリダ」の記録』が上梓された）。その著作が一筋縄では読み解けない印象を与えがちなデリダであるが、本対談では必ずしも哲学を専門としない一般の聴衆が対象とされているため、比較的平易な語り口で質問に答えている。具体的なテーマとしては、「来たるべき民主主義」「国際法」「信仰と知」など、いわゆる〈倫理的転回〉以降のデリダに特徴的な概念が随所に見られ、「グローバリゼーション」批判（世界秩序の十の災い）を基調としながら、「イスラーム」が「近代性《モダニティ》」と今後どのように対峙していくかについてデリダの率直な意見が述べられている。つまり、デリダの著書・論文、たとえば『法の力』『マルクスの亡霊たち』『友愛のポリティックス』『ならずもの』『信仰と知』などに見られる主張が、二一世紀の「フランス＝アルジェリア」関係を見据えた文脈に投じられているわけだ。特筆すべきは、やはりアルジェリアで生まれたユダヤ人であるデリダが、「アルジェリア人として」発言している点である。もちろん、デリダのアルジェリア性・ユダヤ性、アルジェリア・ユダヤ人の歴史を知るうえで重要な研究書としては、ジャン・ダニエルが指摘しているように（〇六年十一月九日付『ル・ヌーヴェル・オプセルヴァトゥール』誌）、女流詩人エレーヌ・シクスー著『若きユダヤ聖人、ジャック・デリダの肖像』、ジャック・デリダ本人とカトリーヌ・マラブーの対談（『脇道』）、ならびに、今年二月に来日講演を行なった歴史学者バンジャマン・ストラの『三つの追放、アルジェリアのユダヤ人』などが参照できるだろう。邦訳書では『生きることを学ぶ、終に』（ジャン・ビルンバウムとの対談）にデリダの態度が特に鮮明にあらわれている。ちなみにダニエル、シクスー、ストラはいずれもアルジェリア出身のユダヤ人で、ストラの前掲『三つの追放』は二〇〇六年度のルノドー賞・エッセー部門で最終選考まで残るなど高い評価を受けている（三票差で惜しくも次席）。来日時の講演でストラは、アルジェリア出身の代表的〈ユダヤ人〉の筆頭としてデリダ（それからダニエルとシクスー）の名を挙げていた。冒頭で触れたシンポジウムを締めくくる発言者として、〈ユダヤ人〉からも〈イスラーム教徒／帰依者《ムスリム》〉のアルジェリア人からも等し並みに尊敬を集めるデリダに白羽の矢が立ったのも十分首肯できる。『生きることを学ぶ、終に』でビルンバウムが語っているように、この対談後二〇〇三年の夏以降、デリダは「何冊もの新たな著作に署名したばかりか、世界中を駆けめぐり」、「多くの国際コロックに参加」することになるわけだが、本文中にもあったようにこれが公のものとしてはデリダの最晩年の対談のひとつとなった点も感慨深い。

周知のように、アルジェリア戦争後にフランスへ帰還した入植者《コロン》は〈ピエ・ノワール〉と呼ばれている。デリダの家族も一九六二年にフランスへ移住しているので入植者《コロン》だったのかと思いきや、鵜飼哲が指摘しているようにデリダの家系は「基本的にアラブ‐ユダヤで、そこへレコンキスタの後に北アフリカに亡命してきたセファルディの家系が合流したということらしい」（『現代思想――緊急特集ジャック・デリダ』、二〇〇四年）。このように、〈アルジェリア出身のユダヤ人（デリダ）とアルジェリアのアラブ人（シェリフ）の関係〉、あるいは〈アルジェリアのアラブ人とフランスの関係〉、〈アルジェリアのアラブ人とキリスト教徒（ヴァチカン）との関係〉

はいずれもかなり複雑なので、この場を借りて少し整理しておきたい。具体的には、「クレミュー法」発布、ヴィシー政府による「クレミュー法」撤廃、再度市民権回復という具合に二転三転したアルジェリア・ユダヤ人の身分、次に、「独立戦争」をくぐり抜けてきたムスリムのアルジェリア人がフランスに抱く複雑な感情、それから、昨今の「ムハンマドの風刺画騒動」に続く「レーゲンスブルク騒動」などから透けて見えるキリスト教徒のイスラーム教徒に対する視線、こういった歴史的要素を確認しながら、本対談におけるデリダとシェリフとのあいだ、ひいてはフランスとアルジェリアのあいだに横たわっていた溝と絆を浮き彫りにしてゆきたい。

アルジェリア民主人民共和国の成立まで
――先住民ベルベル人とユダヤ人、アラブ人の支配とフランス人による征服

モロッコ、チュニジアとともにマグリブ地域を形成しているアルジェリアは、ジェミラ（古代ローマ都市）やタッシリナジェール（先史時代の岩画や線刻画）などの世界遺産を擁し、音楽の一ジャンルとして、「イスラームのゴスペル」と称される〈ライ（ラーイ）〉の発祥地としても知られている（雑誌『Neutral』のアフリカ特集号（〇六年十二月）などを参照）。アルジェリア

系フランス人としてすぐに思い浮かぶのは、例えば『異邦人』を書いたアルベール・カミュやサッカーのジダン選手などの名前だろうか。最近では、元アルジェリア軍の将校で、二〇〇一年にフランスに亡命した作家ヤスミナ・カドラ（本名ムハマド・ムルセフール）の小説が高い評価を受けていて、すでに邦訳も出始めている（『カブールの燕たち』『テロル』）。ところで、本書の〈年譜　デリダと南海岸〉にあるように、哲学者デリダもアルジェリア系のフランス人であるが、彼はカミュのような入植者《コロン》の息子でもなければ、ジダンのようにアラブ＝ベルベルを出自とする敬虔なイスラーム教徒でもなかった。彼の家族が属していたのは二つのナショナリズムに翻弄される形で数奇な運命をたどったマイノリティ、〈アルジェリアのユダヤ人〉である。ここでは細部にまで立ち入ることはできないがこのマイノリティの歴史の概略を記しておきたい。

アラブ人やフランス人が進出してくるはるか以前から、実に約二千年前から北アフリカにはユダヤ人が暮らしていた（もちろん、その他の先住民としてベルベル人もいた）。その後、侵攻してきたアラブ勢力に屈服したユダヤ人たちの大半は、従属臣民としての地位、いわゆるズィンミーに甘んじることになる。続いて、一四九二年のいわゆるレコンキスタ、つまりイベリア半島にあったイスラーム帝国がキリスト教世界によって再征服された際、半島のアラブ人とユダヤ人が追放され、いわゆるセファラディと呼ばれるイベリア半島のユダヤ人が北アフリカに移り住み、先住のユダヤ共同体に合流していく（ただ、実際に追放されるのは、一六〇九年のことであったらしい)。

　十九世紀に入り、フランスがアルジェリアを征服する口実とした歴史的事件が起こる。アルジェ太守フサイン(オスマン帝国)がフランス革命時にフランスに貸与していた借款の返却を願い出たところ、フランス総領事ドゥヴァルがそれを拒んだので、怒った太守が総領事に〈扇の一打〉を加えたという事件である(アルジェ太守とフランスとの間の借款を取り持ったのは、〈リブルヌ〉と呼ばれる比較的裕福なユダヤ商人であった)。

　さて、本書中デリダは、「私が属していた共同体はじつに三度にわたって分離させせられて」いると語っているが、これはアルジェリアのユダヤ人共同体を指していて、まず(一)クレミュー法による(ユダヤ人の)フランス市民権取得(一八七〇年)、次に、(二)ヴィシー政権による同市民権の剥奪(一九四〇年)、最後に(三)アルジェリア独立後のフランス本国への集団移住(一九六二年以降)にそれぞれ対応していると考えられる。
(一)クレミュー法によるフランス市民権取得(一八七〇年)

クレミュー法は北アフリカ、特にアルジェリアにいるユダヤ人に自動的にフランス国籍を与えるというもので、北アフリカの現地人の一部であるユダヤ人だけをフランス人並みに特別扱いする法律とも言い換えられる。バンジャマン・ストラは先述の『三つの追放』中、クレミュー法ができた要因として次の二つを挙げている。一つはフランス本国に少数ながらフランスに同化したユダヤ人がいて、このユダヤ人共同体には北アフリカにいるユダヤ人をフランスに同化させたいという強い意志があった、という理由。もう一つ別の理由とは、現地の一少数派にすぎないユダヤ人がアラビア語を完璧に話せてフランス軍とムスリム大衆との間の仲立ちができると知ったフランス政府が、彼らを利用する気になったからという理由である。この法律により、現地に居ながらにして〈オリエント〉から〈西洋《オクシデント》〉に鞍替えさせられてしまうという実に逆説的な状況が生じ、ストラはこれを〈第一の追放〉と呼んでいる。

十九世紀末のドレフュス事件、第一次大戦（一九一四―一八年）はいずれもアルジェリア・ユダヤ人にとって重要な出来事であった。なぜかというと、特に第一次大戦では彼らの多くがフランス人として戦争に参加し、彼らのうちにフランスへの情熱《パッション》が生まれるようになったからだ。

(二)ヴィシー政権によるフランス市民権の剥奪（一九四〇年）

こうして、フランス市民権を得てフランス人と同じように暮らしていたアルジェリア・ユダヤ人だったが、クレミュー法施行から七〇年後、世代にするとおよそ三世代後の一九四〇年にこの市民権が剥奪されてしまうというまさに青天の霹靂を味わうことになる。それはあのヴィシー政府（いわゆる対独協力政府）が真っ先に講じたクレミュー法撤廃という措置であり、これによりアルジェリアのユダヤ人はかつての現地人の地位（アンディジェナ）、つまりイスラーム教徒と同じ地位に戻されることになる。二つの共同体の間に積み重なった怨恨は決して浅いものではなかったが、ムスリムたちがこの状況を利用してユダヤ人に意趣返しをするというような現象は見られず、むしろこの〈第二の追放〉の期間（四〇―四三年）のおかげでユダヤとイスラーム、二つの共同体はお互いを再発見することになった。一九四二年十一月八日、アメリカ軍がアルジェリアに上陸し、ヴィシー政体は解体する（ただしクレミュー法が復活し、フランス市民権が回復されるのは四三年十月）。

(三) アルジェリア独立後のフランス本国への集団移住（一九六二年以降）

その後のアルジェリア戦争でフランスとアルジェリア・ムスリムとの板挟みとなったアルジェリアのユダヤ人が、アルジェリア独立を受けて、〈ピエ・ノワール〉と呼ばれることになる集団に混じり込む形でフランスへ移住したことを、ストラは〈第三の追放〉と呼んでいる。アルジェリアに残ったフランス系住民はわずかにとどまり、フランスへの移住者には、戦争中にフランスに加担したアルジェリア人（アルキ）も含まれる。アルジェリアのユダヤ共同体に属していたデリダの家族も、この〈第三の追放〉期にフランス本土へ移住している。二十世紀末のフランスが多数のアルジェリア系住民を抱えていて（八五年の統計で約七二・五万人）、「アルジェリアの国内問題が、ただちにフランスの国内問題となる」関係が築かれたのはこのような次第であった。

独立後の経緯（一九六〇～）――アルジェリア・ムスリムとフランスの関係

ここまではデリダが属していたアルジェリア・ユダヤ人共同体から見たアルジェリアの歴史であったが、六二年七月の独立から現在に至るアルジェリア史は、むしろムスタファ・シェリフが属していて、人口の九九％を占めるムスリムたちのものと言え、この段階で本書のタイトル「イスラームと西洋」という視座がようやく現れてくる（アルジェリア国民の八〇％がアラブ人、十九％がベルベル人）。とはいえ、独立後のマグリブに特有の言語問題を振り返っておくべきであろう。というのも私市正年によれば、「独立後の憲法ではアラビア語が国語として定められたが、一三〇年間ものフランスによる支配はアルジェリア人の言語状況を大変難しいものにしていた。少なくとも都市に住む男性であれば、フランス語のほうがアラビア語よりも上手であったし、たいていの者は、アラビア語のアルジェリア方言は話せてもフスハ（古典アラビア語）の読み書き能力は乏しかった」からである。つまり、「イスラームと西洋」というタイトルの「イスラーム」が必ずしもいわゆるアラブ世界の中核を意味しているわけではなく、シェリフのメッセージが、アルジェリアという地理的な面だけではなく歴史的・言語的な面においてもいわば辺境、イスラーム圏の西部周縁地域から局地的に発信されたものにすぎないとみなされてもおかしくはない。この点については最後に立ち返るが、少なくとも、フランス語が西欧の〈世俗主義〉の象徴のように考えられていたために、独立後、自らが自在に使いこなせる言語を敵視するという非常に複雑な言語状況がさらに先鋭化していったことはおさえておくべきであろう。

ところで、デリダとの本対談の随所にあらわれる〈近代性《モダニティ》〉という語は、独立後のアルジェリアがそこから脱すべき西欧的なイデオロギーの最たるものであった。

「近代性は、リベラリズムや科学技術革命、官僚制、議会制型デモクラシー、世俗主義、市場経済などからなる。しかしそれは、とりわけ第三世界を構成するイスラーム諸国において、貧困、差別、独裁体制、政治不安といった諸問題をまったく解消できない。それどころか、西欧的価値観や思想の無秩序な流入をみずからのアイデンティティーを脅かす害毒の要素をも内包するイデオロギーとして認識されるようになった。一九七〇年代から、宗教に回帰する潮流（近代性の挫折の重要な一面）がイスラーム諸国で顕著になる社会的背景には、こうした世界的な現象があった。」（私市正年『北アフリカ・イスラーム主義運動の歴史』、一三三頁）

この〈近代性〉に代わるイデオロギーとして〈イスラーム主義〉が改めて評価されるようになってきて、七八年ごろからイスラミスト（イスラーム主義者）の運動が組織化されはじめ、八八年の十月暴動（死者五百人以上、逮捕者は四千人以上）を重要な契機として八九年に結成されたＦＩＳ（イスラーム救済戦線）がめきめきと頭角を現してくる。ここでは八九年の憲法改正まで続いたＦＬＮ（アルジェリア民族解放戦線）の一党独裁から、いわゆる「アルジェリアの危機」を経て、シェリフの世代が登場する現在までを駆け足でたどっておきたい。

九〇年、複数政党制による初の統一地方選挙でＦＩＳが五五％の議席を獲得し、事実上アルジェリアを支配するという、不安定な二重権力時期が続き、翌九一年十二月に行なわれた国会議員選挙の第一回投票でFISが圧勝する(議席の八割を獲得)。九二年、第二次投票前に大統領が辞任し、軍のクーデターにより最高国家評議会(九四年迄)が設立され、FISは非合法化される(本書でもデリダが婉曲的な言い回しでこの時期を想起している)。九二年にFISの強硬派といえるGIA(武装イスラーム集団)が誕生し、テロが活発化することにより、激しい内戦状態が九七年まで続く(九四年二月七日、デリダは、ソルボンヌ大学の大講堂でCISIA(アルジェリア知識人支援国際委員会)と人権擁護連盟の提唱によって開催された公開集会の席で、テロの標的にされているアルジェリア知識人たちとの連帯を各国の知識人に呼びかけている(「アルジェリアにとっての/に対する様々な態度決定(大西雄一郎訳)」)。「しかし武装イスラミストの戦闘が、やがて残虐なテロ活動にまでエスカレート」したために、「イスラーム主義運動の支持者たちは急速に離反していった。」こうして、「イスラーム主義運動は急速に支持者を失い、衰退」していくことになる。

九七年、国民議会(下院)選挙で与党が四〇%を獲得、複数政党で構成される国民議会が開会され、地方議会選挙、国民評議会(上院)選挙も実施され、「アルジェリアの危機」は一段落する。九九年四月に選出されたブーテフリカ大統領は、七月に国民和解法を施行し(九月に国民投票にかけて圧倒的支持を得た)、〇四年に再選を果たした(ここまで、前掲『北アフリカ・イスラーム主義運動の歴史』を参考にさせていただいた)。

以上が、独立国アルジェリアとフランス共和国との関係の概括であるわけだが、フランス語で積極的に発言するイスラーム教徒のアルジェリア人シェリフという存在は、EUとイスラーム、フランスとアルジェリアなど様々な対立軸のまさに架け橋となりうる新世代と言えるだろう。

レーゲンスブルク論争――アラブ人とキリスト教徒(ヴァチカン)との関係

二〇〇六年

三月　ムスタファ・シェリフ『イスラーム――寛容か不寛容か?』出版

四月　ユネスコ、イスラーム諸国によるムハンマド風刺画防止の求めを受け、宗教的シンボルの尊重を呼びかける決議案を採択

五月　シェリフ、自著『イスラーム――寛容か不寛容か?』をローマ法王ベネディクト十六世に献呈

九月　ローマ法王のレーゲンスブルク発言

十一月　ローマ法王、シェリフと対談(十一日)

『イスラームと西洋』（本書）刊行

十一月二八日―十二月一日　ローマ法王、トルコ訪問

シェリフの名を一躍有名にさせたのは、レーゲンスブルク発言直後のローマ法王との会談であった（レーゲンスブルク発言前後の経緯を右にまとめておいた）。この事件は、二〇〇六年九月十二日、ローマ教皇ベネディクト十六世がドイツのレーゲンスブルク大学において大学関係者を対象に行なった講演が、イスラーム世界から一連の激しい批判を受けた事件である（『ＥＵとイスラームの宗教伝統は共存できるのか――「ムハンマドの風刺画」事件の本質――』（森孝一編著、明石書店）の補説「ローマ教皇によるイスラーム発言の背景」がこの事件を詳述している）。

周知のように、「ムハンマドの風刺画」騒動の熱冷めやらぬ中でのレーゲンスブルク発言だったため、ローマ法王に対してイスラーム側から激しい非難の声が湧き起こった。シェリフは風刺画騒動の頃、法王に『イスラーム――寛容か不寛容か？』を献呈していたのだが、続くレーゲンスブルク発言を経て、シェリフ側からローマ法王への再度の働きかけが実り、駐アルジェ・バチカン大使からシェリフ宛に法王との会談が了承されたという知らせが伝えられたのである。

こうして十一月十一日、間近にトルコ訪問を控えた法王は、いわばイスラームに関するご意見

番としてシェリフを丁重に迎え、会談を経た後で、以下の二つの提案が導き出されることになる。一つは、「ローマあるいはジュネーヴにおいて、「イスラーム教徒・キリスト教徒」両信者同士が膝を交えて宗教的憎悪についてのシンポジウムを行なうこと」、それから、「国際社会が（表現の自由が尊重される形で）諸々の宗教の聖なるシンボルに対する侮辱を弾劾できるよう圧力をかけること」。この場でシェリフは法王に「イスラームとキリスト教間の嘆かわしい出来事があったにせよ、少数の原理主義者たちによるたかだか十五年程度の陰謀と、じつに十五世紀にもわたって共栄してきた歴史とを混同してはなりません」と献言したそうである。

法王との会談とほぼ同じ頃、シェリフはフランスのキリスト教系雑誌『ラ・ヴィー』誌に「ムスタファ・シェリフの公開書簡」と題して、レーゲンスブルク発言を受けたイスラーム教徒側からキリスト教徒に向けたメッセージを書いている（十一月九日）。「わが同胞のキリスト教徒のみなさん、イスラーム・キリスト両教徒の友愛に日頃から、非常に愛着を抱き続けているイスラーム教徒の声なき多数派《サイレント・マジョリティ》を代表してみなさんに一筆啓上させていただきます。」このように始まる書簡でシェリフは、キリスト教徒とイスラーム教徒、両者に「共通の闘い」があると説き、それを三点にまとめている。

「第一の闘いは、あなた方キリスト教徒にも当てはまることですが、過激主義者との闘いです。過激主義者の手による時流に逆行する闘争に魅せられてしまっていてはいけません。この領域について、あなた方がもう少し団結を示してほしいと考えています。十五世紀続いているイスラーム史の豊饒さと、イスラーム主義の潮流をしっかりと見分けるようにしてほしいと思います。

第二の闘いは、生活の商品化にかかわっています。私たちは生活基盤の〈脱アブラハム化〉が進んでいるのを目の当たりにしています。二千年も前から私たちの社会を司ってきたこれらの価値が、今日、再検討に付されているのです。ところで、イスラーム教徒はこの〈脱アブラハム化〉の流れに最も抵抗しているという印象を受けることがよくあります。

三つ目の不可避な闘いは、不正行為にかかわるものです。親愛なるキリスト教徒のみなさん。私の眼にはみなさんが、強者優先の法の覇権《ヘゲモニー》や、世界の商品化のアマルガムに対してそれほど批判的ではないように思えるのです。私はキリスト教徒の多くが黄金の子牛の崇拝［拝金主義］や、市場、金銭、武力という新しい神々の偶像崇拝に陥ったりはしていないかと心配しているのです。」

シェリフの主張をまとめると、まずは、何も知らずにムスリム（イスラーム主義者）と過激主義者を混同しないでほしい、何も知らずに単純にレッテルを貼らないでほしい、という願い。それから第二点と第三点は、いずれも生活の商品化が進んでいる現状に対する危惧の表明と言えよう。また、自らのホームページ上でも、若者たちとの間の積極的な対話の労を厭わないシェリフの活動は、最近顕著となってきたとバーナード・ルイスが指摘する「イスラームにおける寛容の表明」を体現しているように思える（リュシエンヌ・サアダ「マグリブ地域――聖戦のプラクシス」『反ユダヤ主義の歴史』第五巻）。

アルジェリア諸問題――イスラーム圏西部

ここまで見てきたように、ムスタファ・シェリフは、アルジェリアが地政学的に中間地域にあり、フランスの影響を受けた時代もあるという点を前面に出して、キリスト教とイスラームの仲立ちを積極的に図ろうとしている。シェリフのような人物がイスラーム教徒としてアルジェリアから世界へ発言する（もちろん、この場合はフランスを介しているわけだが……）ということがいったいどのような意味をもつのだろうか？　テロの嵐が吹き荒れ、今なおその余韻が残っているアルジェリア――それとも現実にはそのような危険な状況はもはや過ぎ去って、歴史的にも地政学的にもイスラームと西洋のあいだに位置するという利点を生かして、まさにジャック・ベルクがそう呼ばれたように「両岸の架け橋」となる段階に入ったというのだろうか？　この問いに答えるために、〈政情の相対的な安定化〉、〈フランス・アルジェリアにおける教科書問題〉、〈イスラーム圏西部諸国としてのアルジェリア〉の三点に注目してみたい。

アルジェリアの政情についてであるが、九四年以降のアルジェリアのテロの犠牲者（死亡者）を見てみると、六三八八名（九四年）、八〇八六名（九五年）、五一二一名（九六年）、五八七八（九七年）と内戦中は軒並み五千人を超えていたが、二〇〇一年は一一三〇名、〇二年は九一〇名と格段に減少している。この数字だけを見れば相対的にみて安定期に入っていると言えるだろうし、先進国との外交活動を積極的に推進するブーテフリカ大統領の政策が一定の成果を収めていると言えるかもしれない。とはいえ、例えば日本人にとっては相変わらず危険な地域であることも事実である。日本の外務省は海外安全ホームページ上で、アルジェリアの北部・北西部を今もなお、一部都市を除いて〈危険〉レベルに指定して、旅行の再検討を促している（〇七年四月現在）。加えて、アルジェリアという国家を超えて、世界的に見たアル・カーイダ組織の越境組織化による新たな激動期の予兆を見落とすこともできない（ＧＳＰＣ「布教と聖戦の為のサラフ主義集団」が、〇七年一二四日付で、ウサマ・ビン・ラーディンの「命令」によりグループ名を「イスラム・マグリブ諸国アル・カーイダ組織」に変更し、アル・カーイダに正式に加入している)。

次に、アルジェリアとフランスの教科書問題については、過去を忘れたいフランス側と、心的外傷が生々しく残った歴史を風化させまいとするアルジェリア側の温度差が見られるようだ。というのも、本書に出てきたように、フランスの初等・中等教育においてアルジェリアの独立戦争のことが語られていなかった、という問題があるからである。これについては、ストラの『壊疽と忘却――アルジェリア戦争の記憶(九一年、未邦訳)』や、モーリス・T・マスキノ「教育的に正しいアルジェリア戦争」(萩谷良訳、ル・モンド・ディプロマティーク、〇一年)に詳しい。押し殺されてきた〈真の〉アルジェリア史が二〇世紀末から表面化し始めている中、本書でシェリフが、南北両岸の共有する記憶を風化させないようにしよう、と繰り返し呼びかけているのは、この辺りのことを指しているように思う。

三点目についてだが、本書のメインタイトルは「イスラームと西洋」である。このタイトルを額面通り受け取ると、シェリフはいわばイスラーム教徒を代表して語っていると取らざるをえない。もちろんシェリフはアルジェリア駐エジプト大使を務めた経験の持ち主ではあるものの、アルジェリア自体は必ずしもイスラーム圏の中心(宗教的・経済的・文化的な意味においての中心)

ではないと見る向きも出てくるだろう。確かに一口にイスラーム圏と言ってもそのエリアは想像以上に広がっていると言わざるをえない。イスラーム諸国会議機構加盟国だけを見ても、聖地イェルサレムを中心にしていわゆる〈アラブ諸国〉の周辺に、北東はカザフスタン、南はいわゆるブラック・アフリカ諸国（少なくとも約二〇カ国、最南端はモザンビーク）、南米のスリナム、東南アジア方面のインドネシアまでそのエリアは想像以上に広い（もちろんナイジェリアのようにキリスト教・イスラーム教・現地宗教の対立に起因する衝突が発生している国も含まれている）。しかし逆に考えると、シェリフが考えているように、いわゆる〈アラブ諸国〉から見て周縁にありながら、〈西洋〉に接し、その結び付きも強いからこそ、〈イスラーム〉と〈西洋〉間の調停の役割を果たす可能性がある、という主張は説得力があると思う。長く続いた内戦が、いわばひと段落ついた時期であるだけに、なおさらそうであろう。

「世界の多くのイスラーム主義運動は、長い時間とエネルギーをかけて、体制にもムスリム大衆にも、自分たちは過激な運動とは違うのだということを理解させようと努めてきた。にもかかわらず、その努力を、アルジェリアのテロリズムが無にした。アルジェリアの失敗は、イスラーム主義運動――最過激派は例外として――を守勢に立たせた。それは、前途に明るい展望をもって進められた一九八〇年代の運動とはまったく好対照である。（……）一九九〇年代のアルジェリアのドラマは、アルジェリア一国を越えて、重大な影響をもたらした。だからこそ、アルジェリアのイスラーム主義運動が残忍なテロリズムに沈んでいった原因と過程を正確に理解することが重要なのである。」（前掲『北アフリカ・イスラーム主義運動の歴史』、二五五―五六頁）

現在、シェリフの世代が、多元化する情報メディアを駆使して、イスラーム主義＝過激な運動というイメージを払拭しようと改めて努力している様子が、かつてのアルジェリアのテロリズムが国境を越えて及ぼした悪影響の責任を、自らが率先して背負い込もうとしているように映るのは訳者の思い込みにすぎないだろうか。

日本とアルジェリア

最後に、シェリフとデリダの対談が邦訳される意義、というと大仰かもしれないが、日本という国家が、あるいは日本人が、シェリフが訴える「イスラーム」と「西洋」の対話にどのように貢献できるのか、そしてこれまで貢献していたか、について触れておきたい。

シェリフは本書では軽く触れているにすぎないが、主著『イスラーム——寛容か不寛容か？』の中ではサミュエル・ハンチントンの『文明の衝突』理論に激しく異を唱えている（『文明の衝突』理論については、本書のテーマに深く絡む名著『オリエンタリズム』の作者エドワード・サイードの評言「無知の衝突」を筆頭に数多くの批判がある。邦訳があるものでは、マルク・クレポン『文明の衝突という欺瞞』（新評論）など）。ここで是非採り上げておきたいのは、『「対話」の文化——言語・宗教・文明』（服部英二、鶴見和子、藤原書店）である。その理由はこの本には、世界遺産の選定機関として知られているユネスコで実際に活動していた人間の視点から、イスラームと西洋、フランス・アルジェリア関係（日韓関係とのアナロジーも指摘されている）などについて語られていて、日本人としてイスラームと西洋の関係を考え、何らかのアクションを起こす上で興味深い視点が見られるからだ。本書でデリダが国際機関の無力を指摘していることにおいても、また、このユネスコ黎明期にあって、最初のフランス代表があのアルベール・カミュであったことなどからしても、非常に興味深いと思う。一箇所だけ引用しておきたい。

「（……）私はいろんな機会に〈日本・イスラームの対話〉というシンポジウムに何回も出ていますけれども、言えるのは、日本という国は本当は、現在、ヨーロッパもアメリカもアジアの国々もイスラーム諸国も平等に見渡せる立場にあるんです。G7ないしはロシアもふくめてG8がありますね。あの中でキリスト教国でないのは日本だけなんです。あとは全部キリスト教国です。いま、文明の衝突らしき戦争がイラクとかいろんなところで起こりますね。その時にイスラームにも与せず、キリスト教圏にも与せず、仲介できるのは本当は日本だけなんですよ（……）。」（同書、一三九頁）

この引用中にもあるが、我が国の国家レベルでのイスラーム世界との対話については、外務省のHP上に概要が載せられているように、二〇〇一年三月の（第一回）イスラーム世界との文明間対話セミナー（バーレーン、テーマ「文明間の対話――イスラーム世界と日本」）を皮切りに、〇三年十月の第二回（東京、テーマ「平和と人間開発」）、〇四年十一月の第三回（テヘラン、テーマ「人間の尊厳」）と計三回大規模なシンポジウムが催されている。では個人レベルではどのような貢献が考えられるだろうか？　一概には言えないが、デリダが本書でその胎動の予感がすると書いている運動が何らかの重要な鍵を握っているにちがいない。それはイスラーム理解というよりもむしろ、「現段階で」西洋における覇権的な勢力に異を唱える運動なのだろう。デリダははっきりと名指ししてはいないが、おそらく世界的に一つの大きな流れとなってきている反

・新自由主義、オルター・グローバリゼーション運動を念頭に置いていたのではないだろうか（『グローバリゼーション・新自由主義批判事典』などを参照）。また、本対談で問題とされたテーマ、例えば歴史問題や教科書問題などは日本や東アジア諸国にも当てはまる点が多い。

どうしても触れなければならないのは、良くも悪くもインターネットによる情報革命が現代社会に及ぼし、及ぼし続けている影響であろう。本対談の随所で指摘されている「新しいテクノロジー」が「グローバル・テロリズム」に手を貸す形となっている一方で、かつてないほどに膨大な〈集団知〉の出現や、「検索条件を入力しないで検索できる」「人間の知性の特徴」（内田樹）が十二分に発揮される、今までになかった環境を実感している人も多いだろう。もっとも、ややもすれば溺れてしまいそうな情報の海を前にすると、一つには、〈偏見〉をこしらえる（レッテルを貼る）ことによってそれ以上知る努力、それ以上考える努力を惜しんでしまったり、あるいは逆に自分が一切合財を知っているという幻想に陥ってしまったりするケースも出てきやすい。このような状況では以前にもまして「なるべく多くの知識を蓄積」し、「いかなる場合でも知を放棄してはなら」ないと同時に、絶えず、意識的に「偏見の壁をうがつ」ことが必要とされるのではなかろうか。

書誌については原書にはなかったものの、読者の便宜を考え、宮崎裕助氏が作成した表を使わせていただきました（これは単行本だけをリストアップしたもので、元は論文その他も含まれる膨大なリストです）。なお、邦訳がある文章については参考にさせていただきましたが、煩瑣を避けるために注記しなかった箇所もあります。利用させていただいた全ての邦訳者の皆さんに感謝します。

最後に、駿河台出版社の井田洋二氏、編集長の上野名保子さんには訳者の要領の得ない仕事ぶりによって大変御迷惑をかけました。また、バンジャマン・ストラ関連の資料を授けていただいた三浦信孝先生、企画から訳稿の校正の段階まで数知れない貴重な助言をくださった石田和男先生、本当にありがとうございました。それから、ギリシア語の質問に答えてくださった濱岡剛先生、アラビア語について親切に教えてくださった松田俊道先生、日本・ムスリム協会の皆さんに末筆ながら深い感謝の気持ちを述べておきたいと思います。

二〇〇七年四月十日

小幡谷　友二

年譜　　デリダと南海岸

Jacques Derrida

＊本年譜は原著に掲載されているものであるが、翻訳にあたっては『現代思想』の「緊急特集　ジャック・デリダ」（「ジャック・デリダ年譜」、郷原佳以氏作成、青土社、2004年12月、251～255頁）も参考にさせていただいた。

1930　7月15日、エル＝ビアール（アルジェ、アルジェリア）でジャック・デリダ誕生。

1934　デリダの家族、アルジェの聖アウグスティヌス通りを離れ、エル＝ビアールに身を落ち着ける。

1935～1941　エル＝ビアールの幼稚園と小学校に通う。1941年、ペタン政権が定める小学校法。1940年10月3日のユダヤ人身分規定に関する第2条によりユダヤ人が教育と司法の場から排除される。

1941　ジャック・デリダ、エル＝ビアールの高台にあるベン・アクヌーン高校の第6年級［中学1年生に相当］に入学。

1942　デリダ、学校から排斥される。入植者による（反アラブ人かつ反ユダヤ人、つまり反セム語族の）反ユダヤ主義《アンティ・セミティスム》が猖獗を極める。デリダ、1943年までエミール＝モーパ高校に登録。エミール・モーパというのはアルジェ大聖堂の裏通りの名で、公職から一時的に排斥されたユダヤ人教育者たちがそこに教育の場を再構築していた。デリダのユダヤ教への帰属意識にまつわる特異な性質の問題が見え隠れし始めるのはこの時期であった。具体的には、まず、あらゆる人種差別主義と同じように反ユダヤ主義に直面して受けた心の傷やつらい気持ち。次に、1人の〈傷つきやすい人間〉の外国人嫌いに対する反応。それから、群衆特有の一体化を前にしたいらだち、［ユダヤ教への］帰属意識から発する戦闘的態度を前にしたいらだちなどである。

1943～47　ベン・アクヌーン高校に復学。混乱した騒がしい状況での通学となる。スポーツに打ち込み、プロのサッカー選手になることを夢見る。学業の継続。同時に、知的なことへの好み。不道徳、静修《ルトレット》［瞑想にふけること］、〈個人的な日記〉、読書に専心（ルソー、ジッド、ニーチェ、カミュ）。

1947～48　哲学への志向が明確になる。キルケゴールとハイデッガーを読む。

1949～50　マルセイユまで、初めて〈本国〉フランスへ向かう。ルイ＝ル＝グラン高校の

寄宿生となる。デリダは当時について、シモーヌ・ヴェイユを耽読したこと、〈実存主義者たち〉のこと、エティエンヌ・ボルヌによる〈プロティノス的〉と形容された論文や当時の博士論文（サルトル、マルセル、メルロ＝ポンティ）などのことを回想している。

1950〜51　ルイ＝ル＝グラン高校の高等師範学校準備学級に引き続き在学。厳しい生活状態。おぼつかない健康状態。3ヶ月間エル＝ビアールに戻る。

1951〜52　ルイ＝ル＝グラン高校準備学級の3年目。この年に出会った友人の中には長い付き合いになる者もいて、この年の終わりに入学する高等師範学校《エコール・ノルマル・スュペリュール》でそのうちの数人に再会することになる（友人の中にはL・ビアンコ、P・ブルデュー、M・ドゥギー、G・グラネル、P・ノラ、L・マラン、M・セールらがいた）。

1952〜53　高等師範学校《エコール・ノルマル・スュペリュール》入学。初日にアルチュセール（彼もまたアルジェで生まれた）と出会い、友人となる。ほぼ20年後にアルチュセールは同僚となる。

1956〜57　中・高等教育教授資格《アグレガシオン》試験に合格。ケンブリッジのハーヴァード大学の〈特別聴講生〉の奨学金を取得。ジョイスを読む。57年6月、ボストンでマルグリット・オクチュリエと結婚（2人の息子が生まれる——63年にピエール、67年にジャン）。

1957〜59　アルジェリア戦争の真只中に兵役にとられる。共生と平和、正義を旨とする知識人として教職への配属を願い出て、兵士の子弟が通う小学校で教えることになる（アルジェに近いコレア村にて）。2年以上の間、平服の2等兵としてアルジェリア人やフランス人の子どもたちにフランス語と英語を教える。コレア村にある庭付きの邸宅にマルグリットと友人のビアンコ家と一緒に暮らし、私立小学校で教えながら新聞記事の翻訳もしていた。アルジェでよくブルデューと会う。デリダはアルジェリアにおけるフランスの植民地政策を弾劾していたが、62年の最後の瞬間まで、アルジェリアのフランス人との共生を可能にする何らかの独立形態が考え出されることを願っていた。62年には自分の両親がアルジェリアを後にしないよう彼らの説得を試みさえした。デリダは自分の〈ノスタルジェリー［アルジェリアに対する郷愁］〉についてよく話していた。

1962　デリダ家、アルジェリアを離れる。62年と64年の間、バシュラール、リクールらとともに大学助手としてソルボンヌで教鞭を執り、続いてCNRS［国立科学研究センター］を経てENS［高等師範学校］の専任講師となる。

1966　バルティモア（ジョン・ホプキンス大学）でのシンポジウムに出席し、これが米国におけるフランス思想の精力的な受容の機縁となる。その場でポール・ド・マン、ジャック・ラカンと出会い、イポリット、ヴェルナン、ゴールドマンと再会。

1971　62年以来、アルジェリアに最初の帰還。〈庭〉とティパサの街に再会する。アルジェ大学でいくつかの講演と授業を行なう。アルジェリア人たちはデリダとの再会を喜び、デリダ自身にとっても原点に戻るという、一個人として〈歴史的な〉瞬間であった。

1979　他の知識人たちとともに哲学三部会開催を主導。また、つねに自らのものでもあるあの異国、アフリカに愛着を持ち続けている。コトヌー［ベナン共和国］での講演のためにいわゆるブラック・アフリカを初めて旅行する。

1980　ソルボンヌで国家博士号の論文審査。ストラスブールのフランス語哲学会議で開会講演。思想と友情の面でデリダに最も近く、彼ら自身、〈他者〉を迎え入れ、〈他者〉を敬う思想を大事にしているフランス人哲学者のうち、ラクー＝ラバルトとナンシーが、おそらくジェラール・グラネルとともに企画したジャック・デリダの研究にもとづく〈哲学の十年〉。

1981　世界各国と深い関係をむすんでいたデリダ、ヴェルナンそれから数人の友人らとともにヤン＝フス協会（チェコスロヴァキア人反体制知識人を支援）を設立し副会長を務める。

1982　デリダにとって外海、国際性、普遍性などがますます重要なテーマとなっていった。南海岸のまた別の友であるJ-P・シュヴェヌマンから、代表団（F・シャトゥレ、J-P・ファイエ、D・ルクールらで構成されている）を統括する役目を依頼されたデリダは、国際哲学コレージュの創設の原則について熟考し、

友人のエマニュエル・レヴィナスに相談する。日本とメキシコに初めて旅行する。友人のアブデルケビル・ハティビの招きで初めてモロッコの各地に赴く。サン・セバスティアン［スペイン］で定期的なセミナーを行なう。コーネル大学からアンドリュー・ディクソン・ホワイト特任［無任所］教授に任命される。

1983　国際哲学コレージュ創立、デリダが初代院長となる。「アパルトヘイトに抗する芸術」展の企画に参加、反アパルトヘイト文化団体、作家委員会「ネルソン・マンデラのために」創立を主導。社会科学高等研究員［教授］に就任（研究指導—哲学的体制）。

1984　日本旅行。フランクフルトにおけるハーバーマスのセミナーで講演、同じくフランクフルトにてジョイスに関するシンポジウムの開会講演（『ユリシーズ・グラモフォン』）。

1985　ラテン・アメリカを初めて旅行する（モンテヴィデオ、ブエノス・アイレス）。ボルヘスに再会。

1988　三度目のイェルサレム訪問。パレスティナ知識人たちとの会談、占領された領土への訪問（*Interpretations at war*、1990年）。

1989　ニューヨークのカルドーゾ・ロー・スクールで〈脱構築と正義の可能性〉というテーマで開催されたシンポジウムの開会講演。これによりアメリカでの哲学および法理論（批判的法学研究《クリティカルリーガルスタディーズ》）における〈脱構築的〉研究が急速に進展する。J・プーブレスとともに認識論と哲学のための熟考委員会の共同会長。

1991　当時私［シェリフ］が率いていたアルジェリア高等教育省が、デリダとグラネルに対して、アルジェで開催予定だった〈西洋とイスラーム、世界間の関係〉をテーマとするシンポジウムへの参加を打診した。二人の哲学者が大筋のところ参加を表明してくれたにもかかわらず、第一次湾岸戦争勃発が大きく災いしてシンポジウムの開催は断念せざるをえなくなった。

1996　『他者の単一言語使用』［邦訳『たった一つの、私のものではない言葉——他者

の単一言語使用』〕が刊行される。その中でデリダは、自らの諸言語との関係について、また、この流れでマグリブ文化との関係について改めて思索を巡らせている。ラバトにおいて〈固有言語《イディオム》、国籍、脱構築〉というテーマで、デリダとマグリブ、アラブ、フランスの研究者たちの対談が催される。この対談で、南海岸に関して実行されつつある脱構築についての分析が大まかに描かれる。

2003　アラブ世界研究所における対談。フランスにおけるアルジェリア年に際して開かれた〈文明の未来〉についてのシンポジウム。デリダが参加した閉会の行事では、現代の試練に直面している東洋と西洋の関係、南北両海岸の関係についての討論が行なわれた。2004年秋に再度アルジェリア来訪を懇請し、デリダもそれを了承するも、彼の運命がそれとは別な形で決着をつけることになる。これと同じ2003年、デリダは自らの政治哲学の決め手となる『ならずもの』を世に問う。

2004　10月21日、パリのデカルト通りにおいて、友情のこもったオマージュをささげる世界会議、ジャック・デリダへ〈悲しみと言葉〉を贈るお別れの会が国際哲学コレージュ主催で開かれる。国際哲学コレージュの会長ブリュノ・クレマンとジャン=リュック・ナンシーの招きに応じて、私はいわばアルジェリアを代表して出席させていただく栄を浴した。これは、フランス=アルジェリア人哲学者と我々アルジェリア人の絆のみならず、我々の感謝の気持ちを証言する絶好の機会であった。

2006　11月25・26の両日、デリダを称えるアルジェ国際シンポジウムが催される。ジャック・デリダ逝去から2年後にしてようやく、彼の生まれ故郷であるアルジェリアが敬意を表したわけである。権利と正義、それからつねに来たるべき民主主義を切に弁護してきたデリダの躍動感溢れる開かれた現代的思想を思い出し、そこに立ち返ることは、彼の遺志を継いで、普遍をめざす思想の闘いを続けること、崇高な意味で〈何かをくつがえす〉闘いを続けることでもある。

書誌　ムスタファ・シェリフ ジャック・デリダ

Mustapha Chérif & Jacques Derrida

＊本書誌の作成にあたっては『エルヌ』誌の「デリダ特集」(《Bibliographie》, *L'Herne : Derrida*, dir. Marie-Louise Mallet et Ginette Michaud, Paris, Herne, 2004, pp.607-622)、ならびに『現代思想』の「緊急特集　ジャック・デリダ」(「ジャック・デリダ著作目録」、宮崎裕助氏作成、青土社、2004年12月、256〜262頁)、ニコラス・ロイル著『ジャック・デリダ』(ジャック・デリダ著作年表(宮崎裕助氏作成)、田崎英明訳、青土社、2006年、337〜354頁)を参照させていただいた。

ムスタファ・シェリフの主要作品

1989 *Culture et politique au Maghreb*, Alger, Relations Université（『マグリブにおける文化と政治』）

1991 *L'Islam à l'épreuve du temps*, Paris, Publisud（『時代に耐えうるイスラーム』）

2001 *L'Islam et la Modernité*, Alger, Enag, & Le Caire, Shourouk（『イスラームと近代性』、アルジェ、Enag／カイロ、Shourouk、アラビア語）

2005 *Le Traité d'amitié franco-algérien, un précurseur : Jacques Berque*, Metz, Mettis（『フランス＝アルジェリア友好条約の先駆者――ジャック・ベルク』）［ジャン・スュールとの共著］

2005 *Une voie soufie, la Shadhylliya*, ouvrage collectif, Paris, Maisonneuve et Larose（『スーフィー教への道、シャーズィリー教団』（共著））

2006 *L'Islam : tolérant ou intolérant ?*, Paris, Odile Jacob（『イスラーム――寛容か不寛容か？』）

ジャック・デリダの主要作品

1962　Edmund Husserl, *L'origine de la géométrie*, introduction et traduction par Jacques Derrida, Paris, P.U.F.
(「『幾何学の起源』序説」、エドムント・フッサール『幾何学の起源』田島節夫・矢島忠夫・鈴木修一訳、青土社、1976年、新版、1988年、新装版、1992年、新版、2003年)

1967　*L'écriture et la différence*, Paris, Le Seuil.
(『エクリチュールと差異』上巻、若桑毅・野村英夫・阪上脩・川久保輝興訳、法政大学出版局(叢書・ウニベルシタス)、1977年、同下巻、梶谷温子・野村英夫・三好郁朗・若桑毅・阪上脩訳、1983年)

1967　*De la grammatologie*, Paris, Minuit.
(『根源の彼方に——グラマトロジーについて』上巻、足立和浩訳、現代思潮社、1972年、同下巻、1974年)

1967　*La voix et le phénomène. Introduction au problème du signe dans la phénoménologie de Husserl*, Paris, P.U.F.
(『声と現象——フッサール現象学における記号の問題への序論』高橋允昭訳、理想社、1970年、『声と現象』林好雄訳、筑摩書房(ちくま学芸文庫)、2005年)

1972　*Marges — de la philosophie*, Paris, Minuit.
(『哲学の余白　上』高橋允昭、藤本一勇訳、法政大学出版局、2007年)

1972　*Positions*, Paris, Minuit.
(『ポジシオン』高橋允昭訳、青土社、1981年、新版、1988年、増補新版、1992年、新装版、2000年)

1972　*La dissémination*, Paris, Le Seuil

1973　《L'archéologie du frivole》, introduction à *L'Essai sur l'origine des connaissances humaines* de Condillac, Paris, Galilée ; *L'archéologie du frivole,* Denoël / Gonthier, 1976 ; Galilée, 1990.
(『たわいのなさの考古学——コンディヤックを読む』、飯野和夫訳、人文書院、2006年)

1974　*Glas*, Paris, Galilée ; Denoël / Gonthier, 1981.

1975 《Economimesis》, dans *Mimesis – des articulations*, Sylvaine Agacinski *et al.*,Paris, Aubier–Flammarion.
(『エコノミメーシス』湯浅博雄、小森謙一郎訳、未來社（ポイエーシス叢書）、2006年）

1978 *Éperons, Les styles de Nietzsche*, Paris, Aubier–Flammarion.
(『尖筆とエクリチュール——ニーチェ・女・真理』白井健三郎訳、朝日出版社（エピステーメー叢書）、1979年／「尖鋭筆鋒の問題」、森本和夫訳、J・デリダ、G・ドゥルーズ、J-F. リオタール、P. クロソウスキー『ニーチェは、今日？』、ちくま学芸文庫、2002年）

1978 *La vérité en peinture*, Paris, Flammarion.
(『絵画における真理』上巻、高橋允昭・阿部宏慈訳、法政大学出版局（叢書・ウニベルシタス）、1997年、下巻、阿部宏慈訳、1998年）

1980 *La carte postale — de Socrate à Freud et au–delà*, Paris, Flammarion.

1982 *L'oreille de l'autre. Otobiographies, transferts, traductions*, textes et débats, éd. Claude Lévesque, Christie V. McDonald, Montréal, VLB.
(『他者の耳——デリダ「ニーチェの耳伝」・自伝・翻訳』Cl・レヴェック、C・V・マクドナルド編、浜名優美・庄田常勝訳、産業図書、1988年）

1983 *D'un ton apocalyptique adopté naguère en philosophie*, Paris, Galilée.
(『哲学における最近の黙示録的語調について』白井健三郎訳、朝日出版社（ポストモダン叢書）、1984年）

1984 *Signéponge / Signsponge*, New York, Columbia University Press ; Paris, Le Seuil, 1988.

1986 *Parages*, Paris, Galilée ; nouv. éd. augmentée, 2003.

1986 *Schibboleth — pour Paul Celan*, Paris, Galilée.
(『シボレート——パウル・ツェランのために』飯吉光夫・小林康夫・守中高明訳、岩波書店、1990年、岩波モダンクラシックス、2000年）

1987 *De l'esprit. Heidegger et la question*, Paris, Galilée ; Flammarion, 1990.
(『精神について——ハイデッガーと問い』港道隆訳、人文書院、1990年）

1987 *Ulysse gramophone. Deux mots pour Joyce*, Paris, Galilée.
(『ユリシーズ　グラモフォン——ジョイスに寄せるふたこと』合田正人・中真生訳、法政大学出版局（叢書・ウニベルシタス）、2001年）

1987 *Psyché. Inventions de l'autre*, Paris, Galilée ; nouv. éd. augmentée, t.1, 1998 ; t.2, 2003.

1987 *Feu la cendre*, Paris, Des Femmes.
(『火ここになき灰』梅木達郎訳、松籟社、2003年)

1988 *Mémoires — pour Paul de Man*, Paris, Galilée.

1989 *Derrida au Japon*
(『他者の言語——デリダの日本講演』高橋允昭編訳、法政大学出版局(叢書・ウニベルシタス))

1990 *Le problème de la genèse dans la philosophie de Husserl*, Paris, P.U.F.

1990 *Limited Inc.*, Paris, Galilée.
(『有限責任会社』高橋哲哉・増田一夫・宮崎裕助訳、法政大学出版局(叢書・ウニベルシタス)2002年)

1990 *Du droit à la philosophie*, Paris, Galilée.
(『ヘーゲルの時代』白井健三郎訳、日本ブリタニカ(ブリタニカ叢書)、1980年、新版、国文社、1984年)

1990 *Mémoires d'aveugle. L'autoportrait et autres ruines*, Louvre, Réunion des Musées nationaux.
(『盲者の記憶——自画像およびその他の廃墟』鵜飼哲訳、みすず書房、1998年)

1990 《Épreuves d'écriture》, *Revue philosophique de la France et de l'étranger*, 150, 2, avril-juin.
(「エクリチュールの試み」高桑和巳訳、カトリーヌ・マラブー編『デリダと肯定の思想』所収、未來社、2001年)

1991 *Donner le temps*, Paris, Galilée.

1991 *L'autre cap*, Paris, Minuit.
(『他の岬——ヨーロッパと民主主義』高橋哲哉・鵜飼哲訳、みすず書房、1993年)

1991 《Circonfession》, dans Geoffrey Bennington et Jacques Derrida, *Jacques Derrida*, Paris, Le Seuil.

1992 *Points de suspension. Entretiens*, Paris, Galilée.

1993 *Passions*, Paris, Galilée.
(『パッション』湯浅博雄訳、未來社(ポイエーシス叢書)、2001年)

1993 *Sauf le nom*, Paris, Galilée.
(『名を救う――否定神学をめぐる複数の声』小林康夫・西山雄二訳、未來社（ポイエーシス叢書)、2005年)

1993 *Khôra*, Paris, Galilée.
(『コーラ――プラトンの場』守中高明訳、未來社（ポイエーシス叢書)、2004年)

1993 *Spectres de Marx*, Paris, Galilée.

1993 *Prégnances. Lavis de Colette Deblé. Peintures*, Paris, Brandes ; Mont-de-Marsan, L'Atelier des Brisants, 2004

1994 *Politiques de l'amitié*, Paris, Galilée.
(『友愛のポリティックス』全二巻、鵜飼哲・大西雄一郎・松葉祥一訳、みすず書房、2003年)

1994 *Force de loi*, Paris, Galilée.
(『法の力』堅田研一訳、法政大学出版局（叢書・ウニベルシタス)、1999年)

1995 *Mal d'archive. Une impression freudienne*, Paris, Galilée.

1995 *Moscou aller-retour*, Paris, l'Aube.
(『ジャック・デリダのモスクワ』土田知則訳、夏目書房、1996年)

1996 *Résistances — de la psychanalyse*, Paris, Galilée.

1996 *Apories. Mourir — s'attendre aux《limites de la vérité》*, Paris, Galilée.
(『アポリア　死す――「真理の諸限界」を［で／相］待 - 期する』港道隆訳、人文書院、2000年)

1996 *Le Monolinguisme de l'autre — ou la prothèse d'origine*, Paris, Galilée.
(『たった一つの、私のものではない言葉――他者の単一言語使用』守中高明訳、岩波書店、2001年)

1996 *Échographies — de la télévision*, avec Bernard Stiegler, Paris, Galilée.
(『テレビのエコーグラフィー――デリダ〈哲学〉を語る』原宏之訳、NTT出版、2005年)

1996 *Deconstruction Engaged, The Sydney Seminars*, Australia, Power Institute Foundation for Art and Visual Culture.
(『デリダ、脱構築を語る――シドニー・セミナーの記憶』谷徹・亀井大輔訳、岩波書店、2005年)

1997 *Adieu — à Emmanuel Lévinas*, Paris, Galilée.
(『アデュー——エマニュエル・レヴィナスへ』藤本一勇訳、岩波書店、2004年)

1997 *Cosmopolites de tous les pays, encore un effort!*, Paris, Galilée.
(『万国の世界市民たち、もう一努力だ！』港道隆訳、『世界』1996年11月号)

1997 *De l'hospitalité*, Paris, Calmann-Lévy.
(『歓待について』廣瀬浩司訳、産業図書、1999年)

1997 *Le droit à la philosophie du point de vue cosmopolitique*, Paris, Unesco/Verdier.

1997 *Il gusto del segreto*, avec Maurizio Ferraris, Roma-Bari, Laterza.

1997 *Deconstruction in a Nutshell*, New, York, Fordham University Press
(『デリダとの対話——脱構築入門』、高橋透、黒田晴之、衣笠正晃、胡屋武志訳、法政大学出版局、2004年)

1998 *Demeure — Maurice Blanchot*, Paris, Galilée.
(『滞留』湯浅博雄・郷原佳以・坂本浩也・安原伸一朗訳、未來社（ポイエーシス叢書)、2000年)

1998 《Un ver à Soie》 in *Voiles,* avec Hélène Cixous, Galilée（『ヴェール』郷原佳以訳、岩波書店、近刊)

1999 *Donner la mort*, Paris, Galilée.
(『死を与える』廣瀬浩司・林好雄訳、筑摩書房（ちくま学芸文庫)、2004年)

1999 *La contre-allée*, avec Catherine Malabou, Paris, La Quinzaine Littéraire/Louis Vuitton.

1999 *Sur Parole. Instantanés philosophiques*, Paris, l'Aube.
(『言葉にのって——哲学的スナップショット』林好雄・森本和夫・本間邦雄訳、筑摩書房（ちくま学芸文庫)、2001年)

2000 *Le toucher, Jean-Luc Nancy*, Paris, Galilée.
(『触覚、ジャン＝リュック・ナンシーに触れる』、松葉祥一、榊原達哉、加國尚志訳、青土社、2006年)

2000 *États d'âme de la psychanalyse. L'impossible au-delà d'une souveraine cruauté*. Paris, Galilée.

2000 *Tourner les mots. Au bord d'un film,* avec Safaa Fathy, Paris, Galilée/Arte.

2001 *Papier Machine*, Paris, Galilée.

(『パピエ・マシン』上下、中山元訳、筑摩書房（ちくま学芸文庫）、2005年)

2001 *L'université sans condition*, Paris, Galilée.

(『条件なき大学』西山雄二訳、月曜社、近刊)

2001 *De quoi demain...*, Dialogue avec Élisabeth Roudinesco, Paris, Fayard/Galilée.

(『来たるべき世界のために』藤本一勇、金澤忠信訳、岩波書店、2003年)

2001 *La connaissance des textes. Lecture d'un manuscrit illisible*, avec Simon Hantaï et Jean-Luc Nancy, Paris, Galilée.

2001 *Foi et Savoir*, suivi de《Le Siècle et le Pardon》, Paris, Seuil.

(「信仰と知——たんなる理性の限界内における「宗教」の二源泉」松葉祥一・榊原達哉訳、『批評空間』第・期11—14号、1996年10月、1997年1月、4月、7月、「世紀と赦し」鵜飼哲訳、『現代思想』2000年11月号)

2002 *H. C. pour la vie, c'est à dire...*, Paris, Galilée.

2002 *Marx & Sons*, Paris, PUF/Galilée.

(『マルクスと息子たち』國分功一郎訳、岩波書店、2004年)

2002 *Fichus*, Paris, Galilée.

(『フィシュ——アドルノ賞記念講演』逸見龍生訳、白水社、2003年)

2002 *Artaud le moma*, Paris, Galilée.

2003 *Voyous. Deux essais sur la raison*, Paris, Galilée.

2003 *Chaque fois unique, la fin du monde*, Paris, Galilée.

(『そのたびごとにただ一つ、世界の終焉』全二巻、土田知則・岩野卓司・國分功一郎・藤本一勇訳、2006年)

2003 *Béliers. Le dialogue ininterrompu : entre deux infinis, le poème*, Paris, Galilée.

(『雄羊：途切れない対話：二つの無限のあいだの、詩』林好雄訳、筑摩書房（ちくま学芸文庫、2006年)

2003 *Genèses, généalogies, genres et le génie. Les secrets de l'archive*, Paris, Galilée.

2004 *Le《concept》du 11 septembre*, avec Jürgen Habermas, Paris, Galilée.

(「自己免疫——現実的自殺と象徴的自殺」藤本一勇訳、『テロルの時代と哲学の使命』所収、岩波書店、2004年)

2005	*Apprendre à vivre enfin*, Entretien avec Jean Birnbaum, Paris, Galilée. (『生きることを学ぶ、終に』鵜飼哲訳、みすず書房、2005年)
2005	*Qu'est-ce qu'une traduction《relevante》?*, Paris, Herne.
2005	*Déplier Ponge*, Entretien avec Gérard Farasse, Paris, Presses Universitaires du Septentrion.
2005	*Les yeux de la langue*, Paris, Herne.
2005	*Surtout pas de journalistes!*, Paris, Herne.
2005	*Histoires du mensonge. Prolégomènes*, Paris, Herne.
2005	*Pardonner : l'impardonnable et l'imprescriptible*, Paris, Herne.
2005	*Le parjure, peut-être*, Paris, Herne.
2005	*Poétique et politique du témoignage*, Paris, Herne.
2005	*Et cetera...*, Paris, Herne.
2005	*Idiomes, nationalités et déconstructions*, Paris, Herne.
2006	*L'animal que donc je suis* (édition établie par Marie-Louise Mallet), Paris, Galilée.

ジャック・デリダ関連の近刊（抜粋）

2006　ステュアート・シム『デリダと歴史の終わり』小泉朝子訳、岩波書店
2006　廣瀬浩司『デリダ——きたるべき痕跡の記憶』、白水社
2006　斉藤慶典『デリダ——なぜ「脱‐構築」は正義なのか』、日本放送出版協会
2006　ニコラス・ロイル『ジャック・デリダ』、田崎英明訳、青土社
2006　Peter Sloterdijk, Derrida, un Égyptien : Le problème de la pyramide juive (traduit par Olivier Mannoni), Maren Sell Éditeurs
2007　コスタス・ドゥージナス編、アラン・バディウ（他）著『来たるべきデリダ——連続講演「追悼デリダ」の記録』、藤本一勇監訳、澤里岳史、茂野玲訳、明石書店

参考文献

私市正年『北アフリカ・イスラーム主義運動の歴史』、白水社、2004年
ジャック・ベルク著『コーランの新しい読み方』、内藤陽介、内藤あいさ訳、晶文社、2005年
服部英二、鶴見和子『「対話」の文化——言語・宗教・文明』、藤原書店、2006年
森孝一編著『EUとイスラームの宗教伝統は共存できるのか——「ムハンマドの風刺画」事件の本質——』、明石書店、2007年
ワーイル・ハッラーク『イジュティハードの門は閉じたのか——イスラーム法の歴史と理論』、奥田敦編訳、慶應義塾大学出版会、2003年
宮田律『現代イスラムの潮流』、集英社新書、2001年
牧野信也『イスラームの根源をさぐる——現実世界のより深い理解のために』、中央公論新社、2005年
井筒俊彦『超越のことば』、岩波書店、1991年
サミュエル・ハンチントン『文明の衝突と二一世紀の日本』、鈴木主税訳、集英社新書、2000年

イスラームと西洋

ジャック・デリダとの出会い、対話

2007年10月10日　初版第1刷発行
著者　ムスタファ・シェリフ
訳者　小幡谷友二
発行者　井田洋二
発行所　株式会社　駿河台出版社
東京都千代田区神田駿河台3丁目7番地
〒101-0062
電話　03-3291-1676(代)
FAX　03-3291-1675
振替東京　00190-3-56669
http://www.e-surugadai.com
製版所　株式会社フォレスト
印刷所　三友印刷株式会社

ISBN978-4-411-00377-5　C0010　¥1700E